厦门大学
哲学社会科学繁荣计划
2011—2021

高等教育研究的国家队

——厦门大学教育研究院 40年的研究贡献

刘海峰　史秋衡 ◎主编

厦门大学出版社
XIAMEN UNIVERSITY PRESS

国家一级出版社
全国百佳图书出版单位

图书在版编目(CIP)数据

高等教育研究的国家队：厦门大学教育研究院 40 年的研究贡献 / 刘海峰，史秋衡主编. —厦门 :厦门大学出版社，2018.5
ISBN 978-7-5615-6959-7

Ⅰ．①高⋯　Ⅱ．①刘⋯ ②史⋯　Ⅲ．①教育科学-研究院-概况-厦门-1978—2018　Ⅳ．①G40-242.573

中国版本图书馆 CIP 数据核字(2018)第 086435 号

出 版 人	郑文礼
责任编辑	曾妍妍
封面设计	蒋卓群
技术编辑	朱 楷

出版发行 厦门大学出版社

社　　址	厦门市软件园二期望海路 39 号
邮政编码	361008
总 编 办	0592-2182177　0592-2181406(传真)
营销中心	0592-2184458　0592-2181365
网　　址	http://www.xmupress.com
邮　　箱	xmup@xmupress.com
印　　刷	厦门市金凯龙印刷有限公司

开本	787mm×1092mm　1/16
印张	11.75
插页	1
字数	200 千字
版次	2018 年 5 月第 1 版
印次	2018 年 5 月第 1 次印刷
定价	50.00 元

本书如有印装质量问题请直接寄承印厂调换

厦门大学出版社
微信二维码

厦门大学出版社
微博二维码

序

刘海峰

在体育竞赛方面，大家都知道有校队、县市队、省队、国家队等不同层次的运动员队伍。在学术研究方面，其实也有些类似，也存在着不同层次的队伍。我认为，在一定意义上，厦门大学教育研究院可以称之为高等教育研究的国家队。

自从1978年潘懋元先生创建中国第一个高等教育专门研究机构——厦门大学高等教育研究室以来，经过逐步发展，1984年由教育部批准设立厦门大学高等教育科学研究所，2004年扩展为厦门大学教育研究院。尽管拓宽了学科平台，但本院始终坚持以高等教育为主要的研究方向，形成了鲜明的特色。

只经过10年时间，厦门大学高等教育学科就于1988年被批准为首批国家重点学科，当时教育学只有北京师范大学和华东师范大学各两个二级学科的国家重点学科，加上厦门大学的高等教育学，全国教育学只有5个国家重点学科，可以看作是当时的教育研究国家队。之后30年来，全国高等教育研究蓬勃发展，厦门大学的高等教育研究不再是一枝独秀，但始终还是处在前列，至少在部分领域仍然处于国内领先地位。

要成为学术研究方面的国家队，首先是要志存高远，有国家队的意识。现在人们常说社会科学研究应该"顶天立地"，所谓顶天，在教育方面就是要为国家的顶层改革作高层次的决策咨询，提供高水平的理论支撑。所谓立地，就是研究要接地气，要立足地方和基层，为地方和学校提供社会服务。立地比较容易，大部分教师也都做过地方或学校委托的课题。顶天的项目或为国家服务的决策咨询则较难，因为走上层路线的机会毕竟较少，没有真正拿得出手的真功夫，是很难在高层行走的。在偏居东南的厦门，只有成为国家教育改革离不开的研究力量，国家教育的改革决策才会舍近求远，比请北京的学者麻烦许多请厦大的学者参加。

其次，是要起国家队的作用、做出国家队的贡献，方得称之为国家队。我觉得这包括具有原创性的学术贡献、产出标志性成果、获得国家级的奖项。厦门大学教育研究院影响最大的是创立高等教育学科，其次是创立了科举学等。本院在最近三届高等学校科学研究优秀成果（人文社会科学）奖的评选中获 4 项一等奖，也是近三届全国教育学研究与教学机构获该奖项一等奖最多的单位。加上 2012 年获得的第六届吴玉章人文社会科学一等奖，近 10 年来厦门大学文科最重要的 5 项科研优秀成果奖皆产出在本院，其中 4 项是高等教育考试研究方面的成果。

在当今重视决策咨询的时代，如何为教育决策咨询服务已经成为一个研究机构的重要任务。中国古话有"学成文武艺，货与帝王家"的说法，所谓帝王，便代表传统社会的国家社稷。作为教育部直属高校中的科研机构，教师为国家服务是天经地义的事情。厦门大学教育研究院的教师，为国家和教育部司局提供了一系列的咨询报告，其中既有获得国家领导、教育部长批示的成果，更有获得教育部司局采纳的咨询报告，还有为地方教育行政部门做的研究报告。因此，2017 年，厦门大学教育研究院被中国社会科学院的机构评选为中国核心智库之一。本院教师在国家教育咨询委员会、国家教育考试指导委员会、全国"双一流"建设专家委员会这些国家级的教育决策咨询机构中都占有一席之地，也为"高等教育研究的国家队"之说提供了有力的支撑。

2016 年 10 月 16 日，教育部长陈宝生同志莅临本院视察调研，我代表厦门大学教育研究院所作的工作汇报用的正标题，即"高等教育研究与决策咨询的国家队"。厦大校领导之所以会安排陈部长来本院视察，也就是因为本院在近年来产出了一系列高水平的研究成果，并为国家教育改革提供了重要的决策咨询，有拿得出手的硬实力可以呈现。发表几篇论文，做一些一般的课题，争取一些科研经费，这是大部分大学一般院系或研究机构都能做也必须做的事情。但产出具有高显示度的标志性成果，为国家改革顶层设计做出贡献，就不是那么容易的事了。有为才能有位，只有生产出拳头产品,才能让成果说话,才有称之为"高等教育研究国家队"的底气。

　　本书将厦门大学教育研究院 40 年来学术贡献中最重要的方面呈现出来。但限于时间促迫等原因,还有部分内容没有收进来。另外,本院教师曾获得过国家教学成果奖一等奖、二等奖多项;培养毕业的博士中,有两位曾获得全国优秀博士学位论文奖,在全国教育学界位列所有高校中并列第三名。这也是本院与科研相关的人才培养的亮点,因此本书还包括 1 篇国家级优秀教学成果奖一等奖的介绍和 2 篇全国百篇优秀博士学位论文的介绍。

2018 年 5 月 8 日

目　录

高等教育学科的开创

高等教育考试研究

高校分类设置设计与大学生学情研究

中外合作办学研究

全国百篇优秀博士论文

高等教育学科的开创

关于高等教育学科建设的反思

潘懋元

我从事高等教育理论研究,如果自 20 世纪 50 年代算起,至今已约 60 个年头;但由于"文革"期间被迫中断,到 70 年代末才重新开始,再次建议创建高等教育学新学科。当年,赴各地高校做有关高等教育基本理论的报告,并被整理成《高等教育学讲座》,于 1983 年由人民教育出版社出版;主编第一部《高等教育学》(上、下两卷),由人民教育出版社和福建教育出版社联合于 1984 年和 1985 年出版,至今已约 30 年。在这两本书的前言中,我都申明"初生之物,其形必丑",只是作为建立高等教育学新学科迈开第一步的"引玉之砖"。可喜的是,30 年来,中国高等教育理论研究发展很快,队伍壮大,成果丰硕,有人甚至认为其是当今"显学"之一。30 年来,我虽陆续主编过《新编高等教育学》《高等学校教学原理与方法》《多学科观点的高等教育研究》等几本基本理论著作。但身不由己地将主要的时间、精力用在对高等教育改革与发展的现实问题的研究上,特别是对高等教育体制改革、高等教育大众化、民办高等教育、高等职业技术教育以及应用型本科院校建设等问题的研究上。对于高等教育学科建设的基本理论问题,我只在对研究生授课和课内外讨论时有所探讨。感谢《中国教育科学》的约稿,推动我对高等教育学科建设若干基本问题进行了以下一些反思。

一、高等教育学研究对象的基本特点、基本概念辨析

(一)基本特点辨析

任何一门学科,都应有其独特的研究对象。高等教育学的研究对象,不言而喻,就是高等教育。高等教育具有什么特点,是建立这门新学科所要明确的前提。

探析高等教育特点的切入点,应当是从高等教育同普通教育(中小学基础教育)的不同点进行分析。高等教育具有不同于普通教育的特点,才有必要建立一门不同于以普通教育为研究对象的"教育学"的新学科。

我在 1957 年最早发表的一篇文章《高等教育专业问题在教育学上的重要地位》以及《高等学校教育学讲义》我所执笔撰写的前言和第一章中,都明确地提出了高等教育的两个基本特点:其一,高等教育是建立在普通教育基础上的专业性教育,以培养专门人才为教育目标;其二,一般全日制普通本科学生年龄是 20 岁左右的青年,他们的身心发展已趋于成熟;他们既不同于身心发展尚未成熟的儿童、少年,也不同于身心发展已经成熟的成人。必须根据他们的年龄特征进行教育。第一个特点表述的是高等教育的本质属性,可以作为高等教育这一概念的界定,即"高等教育是建立在普通教育基础上的专业性教育";第二个特点只能作为高等教育固有的一般属性,是高等教育工作所应重视的特点。

今天,高等教育这一界定和两个特点,在国内已得到普遍认同。但是,并不是没有某些需要讨论的不同意见。

关于第一特点,有人提出中专、中职、职业高中以及技工学校的教育,也是建立在普通教育基础上的专业性教育,是不是也应该算作高等教育?也有人提出高等教育不一定是专业性教育。高校要开设大量的普通教育课程(公共课程、通识课程),国外有的短期高校,如美国社区学院的初级部,就只开设普通教育课程,相当于大学本科的一、二年级公共课程;还有人认为现在正在提倡"淡化"专业,有的高校只按系、按院招生,不分专业培养人才,今后还可能本科阶段只上普通教育课程,把专业性教育推迟至研究生阶段。

我认为高等教育第一个特点仍存在,作为界定仍然是正确的。首先,中

专、中职等学校,只招收初中毕业生("文革"后有一个短时期曾招收高考落第生或为获得城市户口和就业统配资格的农村高中生,只是当年畸形的特例)。初中教育不是完整的普通教育。按照联合国教科文组织的《国际教育标准分类》,初级中学属于基础教育的第二阶段(代码2),不能与高等教育阶段(代码5)衔接;只有高级中学(代码3),或高中后升学或就业的预备班(代码4),才能与高等教育阶段衔接。国外把高等教育称作"中学后教育",不需要称为"高中后教育",并不存在与中专、中职等混淆的问题。其次,高等学校开设的许多普通教育课程(公共课程、通识课程),是为了提高专门人才的基础知识、能力与素养,而且大多数是围绕有关专业设置的。如工、农、医等科类许多专业必修普通物理、普通化学、普通生物等等课程,哲学、经济学、管理学等科类许多专业必修普通数学,等等。高等教育是培养专门人才的教育,其"主修课程""核心课程",一般是专业课程的;按系、院招生、培养,只是拓宽专业口径并非废除专业;至于不分院系、不分专业,纯粹是中学课程基础上延伸的普通教育课程,在中国尚不存在,在国外也不多见,美国社区学院的初级部,只修一、二年级的普通教育课程,是为转入大学本科三、四年级做准备,并非完整的高等教育。至于本科阶段,只修普通教育课程,而将专业教育推迟至研究生阶段,只是一种超前的设想。因此,在可见的未来,高等教育的第一个特点作为概念的界定是成立的。

　　至于第二个特点,因为它不是高等教育的本质属性,即使有所改变,并不影响高等教育的界定。首先,成人高等教育,作为在职继续教育,从理论上说,不存在这个特点。但在中国现实中,成人高等学校的学生,绝大多数是没有进入全日制普通高等学校的青年。也就是说,这个特点在中国成人高等教育的现实是存在的。其次,国外高等学校入学一般没有年龄的限制,中国在第一届世界高等教育大会之后,也取消年龄限制。但不论国外或国内,本科以下的普通大学生,绝大多数仍是20岁左右的青年。例如,大学生毛入学的统计,国内外都是以18岁至22岁或23岁的青年为基数。可见,第二个特点不论国内外,现实上仍然存在。掌握这一特点,也就是根据这一年龄段的青年身心发展特征,对高等教育的教育和教学工作非常重要,高等学校的智育、德育、体育以及管理、服务，都要根据大学生的身心发展特征来实施。①

正是由于这些特点的存在，高等教育不同于普通教育，不能以研究中小学教育的"教育学"的理论来指导高等教育的实践。必须建立一门以高等教育为研究对象的新学科——高等教育学。

（二）若干基本概念辨析

一般说，基本概念在高等教育学专著或教材中，都有所表述。但书上所写的，往往只是作者研究的结论，至于如何得出这一结论，作者思考、辨析的过程，往往比书上所写的复杂得多。例如，在编写过程中所遇到的问题，出版后读者反馈的意见，自己的认识过程，等等。没有必要一一写在书上告诉一般读者。但在反思中，有必要把一些未写出来的，也就是"书背后"的研究过程进行再思考。

1. 本门学科的定名问题——"高等学校教育学"还是"高等教育学"？

1957 年编写的《高等学校教育学讲义》沿用的是苏联的学科名称。那时，我国全面学习苏联，沿用苏联学科名称是很自然的事。但到 1978 年，我拟定《高等教育学大纲》作为编写第一部专著的提纲时，去掉"学校"两个字，扩大概念的外延，包括非学校机构所实施的高等教育。1980 年，教育界开始编写《中国大百科全书·教育》（该书于 1985 年出版），其中有关高等教育的词条是我提出并撰写释文的。编辑部的同志把"高等教育学"词条又加上"学校"两个字，发回来让我重审一遍。我问他们为什么加上"学校"两个字，他们给出的理由是：第一，苏联称这一学科为"高等学校教育学"，其他国家也没有发现"高等教育学"这一学科名称；第二，当时对高等教育的研究，主要集中于"普通高等学校"的教育问题，名称与内容相符；第三，用"高等教育学"一词，容易引起误解，认为"高等教育学"是高于一般教育学的高级教育理论，师范院校的教授们可能会因歧义而有意见，以为我们贬低了人家所研究的是初级的教育理论。

对此，我回了一封长信解释为什么要删去"学校"两个字。坚持用"高等

---

① 潘懋元. 潘懋元文集：第六卷［M］. 广州：广东高等教育出版社，2010：214.

教育学"这一学科名称，主要理由如下。第一，"高等教育学"的外延比"高等学校教育学"宽，同我当时所编写的《高等教育学大纲》（征求意见稿）的内容宽窄一致（当时第一部《高等教育学》专著尚未出版）。研究可以有重点，先研究高等学校的学历教育，并以本科教育为重点。但概念必须周延，留有余地，以后对非学校、非学历的高等教育研究也可以囊括在内。第二，苏联将高等教育理论作为一门课程，主要是用以培训大学教师，其内容仅限于学校教育的两部分，即教学论和德育论。而我们建立这门新学科，是为了更好地开展对高等教育从宏观到微观，从学校教育到非学校教育的系统研究，不能仅限于学校教育与学历教育。第三，开始时，可能会引起一些人的误解，但时间长了，约定俗成，误解就会消除。师范院校所开设的教育学课程，研究的都是全日制中小学教育，并没有因此称为"中小学教育学"或"普通教育学"，教育学这个概念比中小学教育领域宽得多，并不存在误解问题，《中国大百科全书·教育》编辑部采纳我的意见，"高等教育学"这一学科名称就在权威性的辞书中定下来。尔后也就开始通行，并被国务院学术委员会作为"学科专业目录"的教育学二级学科予以确认，从而在建制上得到正名，成为中国特色的一门学科。

　　现在看来，坚持这一学科定名是正确的。正是这一较宽的外延，可以把非学校形式的高等教育，如远程高等教育、高等教育自学考试，多种多样非学校形式的培训班等，都纳进这一学科的研究范围。如果当时沿用"高等学校教育学"名称的话，那就会很被动。苏联就是如此，后来他们的高等学校教育学科一直无法有大的发展，而中国则很快形成了庞大的学科群。

　　2.本门学科研究对象的名称问题——大学（教育）、高等教育、第三级教育、中学后教育

　　高等教育是建立在普通教育基础上的专业性教育。这个定义在国内已是共识，但在国际上并未通行。因而如何给高等教育下一个准确的定义，一直是国际上存在的一个问题。联合国教科文组织在成立后不久就开过多次会议，试图为高等教育下个定义，但各方意见还是很不一致。

　　1962年，在非洲召开的一次高等教育会议上，勉强给出了一个列举式的描述性定义，称"高等教育是由大学文理学院、理工学院、师范学院等机构实施的各种类型的教育"。很显然，这个定义并没有按属加种差的逻辑规则来界定高等教育，只是对高等教育外延的描述。而且这个列举式的描述性

的外延太窄了,没有包括非本科的高等教育,更没有包括非学历的高等教育。事实上,这个概念是按照美国高校的现行分类所做的描绘,强加给世界各国,其他各国很多不是这么分类的。显然,这不是高等教育的科学界定。联合国教科文组织后来的文件里也没有采用这个定义,比如1975年该组织通过的"国际教育标准分类法",就避开"高等教育"这个词,而用第三级教育来代替;在20世纪70年代,欧洲教育部长会议组织了一个调查,叫作"欧洲七国第三级教育的调查",就指出:"传统的高等教育制度已不能适应社会发展需要,必须改变为范围较广的、多样化的第三级教育。"以"第三级教育"代替高等教育,是因为原来所做出的高等教育界定,已经不能代表现代高等教育多样化的实际状况,必须要采用外延更加广泛的新概念。① 因此说,用"第三级教育"代替"高等教育"是有一定道理的。不过,高等教育(higher education)这个概念在国际上还是通行。因此,1993年,联合国教科文组织第27届教育会议又重新将高等教育定义为:"高等教育包括大学及国家核准为高等教育机构的其他高等学校实施的中学后层次各种类型的学习、培训或者研究型培训。"这个概念的外延已经比较周全了,但其内涵还不明确。虽已出现"实施中学后层次各种类型的学习……"的规定,并未充分体现高等教育这一概念的本质特点。直到2011年第36届大会修正通过的"国际教育标准分类法"才给出一个比较明确的定义:"高等教育建立在中等教育之上,在专业化的教育学科领域提供学习活动,它是高度复杂和高度专业化的学习:既包括通常所理解的学术教育,还包括高级职业或专业教育。"这一定义,指明了高等教育"中学后"和"专业性"两个区别于普通教育的基本特征,也符合中国早已达成共识的"高等教育是建立在普通教育基础上的专业性教育"的定义。②

　　为什么高等教育的定义如此难以确定呢? 根本原因在于,在高等教育发展的过程中,各级各类的中学后教育都挤进了高等教育行列,情况日益复杂。1997年,联合国教科文组织在修订国际教育标准分类的时候,觉得学前教育、小学、初中、高中教育等都比较简单,但高中以后的教育就很难说

① 欧洲七国第三级教育:中译本[M].北京:北京师范大学高等学校干部进修班印,1983:2.

② 顾明远.中国教育大百科全书:第一卷[M].上海:上海教育出版社,2013:335.

清,既有现有学制系统塔尖的博士研究生教育,又有尚未进入高校之门的升学或就业预备班,尤其是一些既不高也不专的培训,也挤进高等教育行列,使得高等教育的内涵、外延很难确定。比如,现在令我们非常头痛的是,很多不同层次的职业培训班、网络课程、自学考试等,是不是都可归属于高等教育还很难说清。

由于高等教育的概念如此难以确定,所以我在《多学科观点的高等教育研究》的第一章"历史学的观点:高等教育是一个历史的概念——兼论高等教育理论与高等教育历史的关系"中,第一句话就写道:"教育是一个永恒的概念,高等教育是一个历史的概念。"[①]教育是永恒的,自有人类,就有教育;而高等教育则是在历史发展到一定阶段才出现,也可能将要消失。它的发展变化使得可能用别的概念来代替,如第三级教育或中学后教育;也可能作为一个更加宽泛的概念的一部分而存在。比如,高等教育是否融入终身教育体系中,作为终身教育的一个组成部分出现,这都还很难说清。

正如过去人们认为大学教育就是高等教育,现在大家都知道,二者不能等同。大学教育只是高等教育的组成部分。大学(university)这个概念,无论国内还是国外,传统意义都是指研究高深学问的、正规的、本科以上的学校。大学这个概念不会是指专科学校(20世纪80年代中国出现的专科层次的"职业大学"是一个不规范的特例),也不会是指非正规的高校。严格意义上的大学指的就是综合大学,也就是学术型的高等学校。它所研究的是基本理论,不是应用性的知识。新中国成立前的中国大学,必须有文学院与理学院就是这个意思。我们不能把许多应用型的、单科类的院校并在一起就称为综合大学,学科齐全不一定是综合大学,综合大学不是混合大学,而是基础理论学科的综合。当年蔡元培就很严格地奉行大学是研究高深学问场所的理念,认为应用型的学科不能在大学存在,所以他把北京大学的工科分了出去,并入北洋大学(今天的天津大学),他本来还想把法学院也分出去,由于反对意见很多,未能成功。现在我们大学名称的使用非常混乱,希望研究高等教育者在应用时要分清楚。但也有例外,不论本科学院或高等职业院校的老师与学生,都可以称为大学教师和大学生。这是约定俗成的,

---

① 潘懋元.多学科观点的高等教育研究[M].上海:上海教育出版社,2001:25.

也有一视同仁之意。

3.本门学科的定位问题

随着高等教育理论研究的发展,高等教育科学已经形成一个庞大的学科群,高等教育学作为当中的一门学科,应该具有什么样的学科定位,是学科建设中的另一个新问题。

同教育学分支繁杂庞大的学科体系相比,高等教育学科 30 年来的发展,毫不逊色,也形成了庞大的学科群。由于高等教育学被定位为二级学科,那么这些分支学科就只能称为三级学科。不过,也有一些青年学者,如张应强博士、李均博士、王建华博士、方泽强博士等,著文论述高等教育学应是一个同教育学平行的一级学科,因为教育学实际上只研究普通中小学教育,而高等教育则是研究高等专业教育,将两者视为平行、并列的学科是有道理的。不过目前如此处理恐怕尚不成熟,因为它关系到学科分类建制的许多现实问题。但不管如何,高等教育学许多分支学科自 20 世纪 80 年代中期之后,已经陆续建立起来,形成了庞大的学科体系。

中国高等教育科学所包含的分支学科,大体可以分三类:其一是从高等教育学这门基本学科各组成部分分化出来的分支学科,如大学教学论、大学课程论、大学学习学、大学德育论、高等教育史、比较高等教育、高等教育研究法,等等;其二是高等教育学同其他学科结合产生的交叉学科,如高等教育哲学、高等教育经济学、高等教育社会学、高等教育管理学、大学生心理学以及各科类的学科教学论,等等;其三是运用高等教育理论以研究不同类型、不同层次的高等教育所构成的学科,如高等工程教育、高等师范教育、高等医学教育、高等职业教育、学位与研究生教育、留学生教育、民办高等教育,等等。以上所列各门分支学科,都已有系统的专著并被学界广泛认可的。

高等教育科学形成学科群之后,高等教育学这个概念在应用时,产生了广义与狭义两种理解。广义的高等教育学,指的是整个学科群。例如,许多大学设置培养研究生的高等教育学专业,它所研究的对象涵盖上述的分支学科。狭义的高等教育学,指的是学科群中一门主干学科。它所研究的只是高等教育的基本理论、一般规律,是一门介于"原理"与"概论"的学科,具有总论的性质。那么,狭义的高等教育学在学科群中处于什么地位?它同各分支是什么关系?我的理解是:它是学科群中的一门特殊学科。在形式上,它与各分支学科是并列关系;在实质上,它对各分支学科具有总论的性质与统领的任务。如果作为一门课程,它还应包含一定的基本实务,主要是普通本科教育、教学的基本实务,究竟如何更明确地定位,还有待进一步研讨。

二、全面准确地理解教育基本规律及其在高等教育研究上的运用

(一)教育基本规律的提出

任何一门科学性的学科,都是以探讨其研究对象的运行、变化、发展的规律为其主要任务,教育学作为一门科学性的学科,也应以探讨规律为主要任务。例如,"文革"后编著出版、发行量最大的《教育学》就改变了"文革"前以诠释教育政策为主要任务的教育学教科书,开宗明义地指出:"教育学就是通过教育现象和教育问题的研究,去揭示教育规律的一门科学。"[①]我于1980年前后,在许多地方和高校开设有关高等教育理论的讲座,题目就是"教育基本规律及其在高等教育的运用"。所不同的是,我认为高等教育作为一门学科,不仅要研究一般教育规律,而且应着重研究一般教育规律在高等教育实践中的运用。同时,我明确地提出两条基本规律,即教育的外部关系规律与教育的内部关系规律。

应当申明,教育两条基本规律的名称是我首先提出的,但这两条基本规律并不是我所发现的。许多教育理论专著或教科书,对这两条规律的内涵已有所阐述与论证。但一般只从社会对教育的制约性和教育对学生成长的主导作用来揭示教育基本规律的内涵,既没有把两者作为基本规律作明确的界定,在内涵的论述上也不够全面。我所做的工作,是把教育系统同社会及其子系统的内在必然联系和教育系统内部诸多因素的必然联系,在实践经验的基础上,运用辩证的系统论方法,进行了比较全面的分析和明确的界定。为求通俗易懂,在口头报告或书面表述上,可能有文字的出入,但基本

---

① 王道俊,郭文安.教育学[M].北京:人民教育出版社,2009:1.

内涵前后是一致的。

(二)教育基本规律内涵

全面理解教育基本规律,应当弄清下面几层含义,避免断章取义。

第一,教育内外部关系规律均要求相互适应。

教育外部关系规律,即教育与社会关系的规律,要求教育要与社会发展相适应。教育内部关系规律,即教育内部诸多因素关系规律。主要有教育活动与教育对象的身心发展以及个性特征的关系、全面发展教育各育(智育、德育、体育、美育)的关系、教育过程诸要素(教师、学生、教育影响)的关系。这些关系均是相适应的。

"适应",包括两个方面的作用。一是"受制约",一是"起作用",即作用与反作用,也就是相互适应。

教育外部关系规律:教育要为社会的经济、政治、文化等所制约,并促进社会的经济、政治、文化的发展。

教育内部关系规律:教育过程要受教育对象身心发展(不同发展阶段的"年龄特征")所制约,又要引导和促进教育对象身心健康发展;同理,全面发展教育的各育,教育过程诸要素,均存在相互制约与相互促进的关系。

第二,教育的外部或内部的关系都存在复杂性。

教育外部关系包含教育这一社会子系统同其他子系统如经济系统、政治系统、文化系统、科技系统等的关系,以及同社会与自然的诸多因素,如人口、地理、交通、资源、环境、民族、宗教等的关系,从而构成了复杂关系,并非单一对应的线性关系。适应的非线性关系决定了教育同社会相适应的复杂性。在运用这一条规律时,要全面考虑教育与各个社会子系统,各种因素的关系,避免只适应某一系统或因素而损害其他系统或因素。教育内部关系也是如此。例如,既要适应不同阶段年龄特征,又要适应个别差异;既要促使学生全面发展,又要发展学生专长;既要发挥教师主导作用,又要尊重学生的主体性,启发学生的主动性,还要充分利用教育影响的中介作用。

第三,教育外部关系规律与教育内部关系规律存在必然联系。

内部关系规律的运用要受到外部关系规律所制约,外部关系规律要通过内部关系规律才能实现:一方面,人的成长,是在一定的社会环境中培养的,教育目的、培养目标、教育制度、教育内容与方法、办学条件等,不能不受社会制约,其所培养的人才,也应当为社会发展服务。另一方面,社会发展所需要的人才,只能按照教育内部关系规律来培养才能实现。如果教育目的与培养目标不明,教育制度混乱、教育内容与方法错误,既贻害了年轻一代的成长,也影响了社会的发展。有人提倡高等教育要回到象牙塔中,"为学术而学术",既不受社会所制约,也不考虑为社会服务。把高等教育的发展寄托在有闲阶层的"闲适好奇"上,在当代既不可取,也不可能。这种提倡,是开历史的倒车。

第四,教育与社会发展相适应,与个体成长相适应,都存在主动适应或被动适应的问题。

主动适应指对正确的、积极的、符合科学发展观的事物,要自觉地发挥其积极作用;对错误的、消极的、违反科学发展观的事物,要尽可能避免或减轻其消极的影响。被动适应指不加判断、选择,一概照搬、盲从。

例如,市场经济的转型,对高等教育具有引进竞争机制,促进改革发展,提高教育和科研质量与水平的积极面;也容易滋长一切向钱看,以金钱衡量人生价值,降低道德水平的消极面。办学者要充分发挥市场经济的积极作用,推动改革发展,提高教育科研质量与水平。对消极影响,完全杜绝是不太可能的;但应有清醒的认识,尽可能避免或减轻其消极影响。

社会的经济系统、政治系统、文化系统以及教育对象的个性特征,往往都存在一定的积极面与消极面,因此,教育工作者都要自觉地采取主动适应的态度与方法。

第五,如何判断事物的正确与错误,积极或消极,符合或违反科学发展观,以便采取主动适应的态度与方法?

运用外部关系规律时,要以是否符合内部关系规律为准绳,即以是否有利于教育对象的健康成长为依据;运用内部关系规律时,要以是否符合外部关系规律为准绳,即以是否有利于社会的发展为依据。

以上这几层含义,我在许多论文或专著中有所阐述。近来发现有些人在转述或应用时,理解不够全面,引起歧义,因此把它整理如上。

(三)对教育基本规律进一步认识

对教育基本规律的认识,还有两点思考需要补充。

第一,如上所说,一般以普通中小学教育为研究对象的教育理论或普通教育学教科书,对两条基本规律的内涵,大多已有所论述,但不够全面,也不够深入。对于教育与社会发展的外部关系规律,只从历史性、阶段性论述其必然性;对于教育与个体成长的内部关系规律,只从遗传、环境、教育三者的关系论证教育起主导作用;从儿童、少年期一般的年龄特征,说明教育活动必须符合个体的身心发展。通过以高等教育为研究对象的高等教育科学,对两条基本规律,尤其是外部关系规律的研究能比较全面深入地揭示上述含义。因为高等教育是专业性的教育,又是就业性教育。高等教育的各科各类专业,同社会的各行各级的职业相对应;高等教育的课程,主要是专业性课程,直接反映社会生产与生活的方方面面。由此,研究高等教育问题,必须深入到学校以外的社会实践中,探讨教育与社会的关系规律以及培养与社会相适应的专门人才的规律。正因如此,有的高等教育专著或文章,干脆将之称为高等教育基本规律。准确的理解,应是教育的普适性规律及其在高等教育的运用。至于高等教育的特殊规律,作为教育基本规律的下位规律,还有待进一步的研究。

第二,我对外部关系规律的认识与表述:教育要受社会的经济、政治、文化等系统所制约,并促进社会的经济、政治、文化等系统的发展。这个界定没有错,但失之笼统。我在研究教育制度时,发现有些意义不能很好地表述。

首先,教育尤其是高等教育与科学技术的关系特别密切,高等教育肯定要受科学技术制约并促进科学技术的发展。不仅高等教育的课程内容要反映科学技术的最新成就,高等教育制度、教学方法,以及高等教育理念,也与科学技术存在必然联系。西方中世纪大学转变为现代大学,就在于近代科学技术进入大学的课堂,并且很快地在教学与研究上占据了主要地位。高等教育与科学技术的关系,应该属于什么系统?经济系统还是文化系统?科技与经济的发展密切相关,但在知识经济时代之前,科技并不是经济的内涵;人们习惯上常常把科学与文化放在一起,称为"文化科学",但科学技术同一般文化不同,所起的作用也不同。

其次,经济这个概念,包含两个方面,一是生产力水平,一是经济制度,或者说,包含生产力与生产关系,两者对高等教育所起的作用是不同性质的。当前我国经济处在两个转型之中,一个是从粗放型向集约型的生产方式转变,这是生产力范畴;另一个是从计划经济向市场经济转变,属于经济制度范畴。前一个转变主要作用于教育内容,当然还有教育方法、教育技术。生产力提高,也就是生产力的科学技术水平含量提高,使得高校的教学内容要更新,使得高校可以利用更先进的科技手段提高教学效果。例如,现在的高等职业教育就不能停留在过去简单的、粗放的技术层面,而要引进高新科技,因而也就不应限定于专科层次。后一个转变,必然要作用于教育制度,如招生制度、毕业生制度、教师人事与待遇制度、财务制度等。可见,生产力和经济制度对教育的影响是不同的,现在都摆在"经济"系统中,显然失之笼统。

为此,我进一步把这些关系分解组合为:(1)教育要与生产力和科技水平相适应,把生产力和科技视为一体;(2)教育要与社会制度相适应,主要是指政治制度与经济制度;(3)教育要与文化相适应,主要是指文化传统。简要说明如下:

——为什么把生产力和科技视为一体?因为在现代生产上,科技是潜在的生产力,生产力的高低,就视其科技含量的高低;而在知识经济时代,科技已成为现实的生产力组成部分。

——把原来笼统的"经济"分解为生产力与经济制度之后,一方面,生产力与科学技术一体化组合了,另一方面,经济制度与政治制度都是人类社会的基本制度。经济制度反映生产关系,而政治是经济的集中体现,归根到底,也是生产关系的间接反映。把两个密切联系的制度合在一起,作为社会基本制度。当然,社会制度不仅有经济制度、政治制度,还有家庭制度、文化制度等也很重要,也应包含在与社会制度之中,也对教育起重要作用。教育要受这些制度制约,并促进这些制度的发展。

——原来对文化的提法也过于笼统。文化这一概念的内涵很复杂,歧义也很多,同教育尤其是高等教育关系最重要的是文化传统。首先是民族文化传统,其次是外来文化传统。文化传统并非是"排外"的,当外来的优秀文化被接纳了,就成为民族文化传统的组成部分,形成了富有活力的新的民族文化传统。文化传统对社会方方面面都起着渗透性的潜在的引领与制约作用,包括对教育系统的作用;而教育,尤其是高等教育,起着对文化的批判、选择以及继承、保存、创新文化传统的作用。这就是教育与文化相适应的意义。有人认为,大学应当远离社会,躲进象牙塔中,"为学术而学术",才能研究高深学问,成为所谓的"世界一流大学",其错误就在无视社会需要学术、包容学术。社会的发展,包含着学术的发展,甚至可以说是学术的发展引领与推动社会的发展。同时,学术也只有在社会中才能得到发展。

——生产力与科学技术、社会制度、文化传统只是三个主要的子系统,还有许多社会的以至自然的因素在起作用。有时,某一因素起主要的作用甚至决定性的作用。比如,中国沿海地区与西部地区教育发达程度不同,就由于文化传统与地理、交通因素在起作用;在少数民族地区,民族、宗教等因素的作用也非常重要。

如上所述,对于社会的经济、政治、文化几个主要子系统的分解组合,只是作为研究教育问题尤其是高等教育问题的精细化。作为教育基本规律的表述,仍可按原来的表述,即"教育要与社会发展相适应"或教育要与社会的经济、政治、文化相适应。

(四)教育规律与教育实践的矛盾

认识规律的意义不是为了满足"闲适好奇",而是为了以理论指导实践,将规律应用于解释现实的现象与解决现实的问题。但是,规律与实践是存在矛盾关系的。教育规律与教育实践的矛盾体现在如下三方面:

第一,规律的抽象性、一般性与实践的具体性、特殊性的矛盾。

教育规律是抽象的、一般的,而教育实践都是具体的、特殊的,从一般的规律到具体的实践,中间有许多环节,如果忽略了这些中间环节的话,规律就成为空洞的教条。直接套用到实践中,就是教条主义了。很多教育实际工作者,抱怨我们的教育理论脱离教育实践。不是理论本身脱离实际,凡是正确的理论,都是从实践中总结出来的,都有实践的根据。问题在于理论工作者在运用规律时,忽视对规律转化为实践的中间环节的研究。而规律、理论,一般是不可能直接转化为实践的,必须通过一定的中间环节。

规律、理论转化为实践,中间的环节有许多,概括起来主要有这么几个:一是规律要转变为原则,原则比规律具体,但仍然是抽象的;二是原则要转变成政策、制度,但有政策、制度还不够;三是政策、制度还应转变为措施、办法、方案等,然后才能转化为实践。如果缺乏这些中间环节,教育规律与教育实践的矛盾就很难解决。这是第一个矛盾。

第二,规律的客观性和实践的主观性之间的矛盾。

规律是客观的,而认识是主观的,这中间会产生矛盾。规律客观存在,不以人的意志为转移;原则是主观对客观的认识,所以原则具有一定主观性。但原则总是通过大量实践经验总结出来,并经过科学的论证和实践检验的,具有较高的客观性。教育原则还要转变为政策制度,就带有更多主观性,往往带有决策者或制度制订者个人或群体的主观意志。也就是说,对教育规律的认识,往往带有个人或群体的主观成分。比如说,你认为这样做是符合规律的,有时恰恰相反。人们凭自己的经验,总是认为自己的决定是正确的,直到陷入误区,感到不妙,已经造成了损失。在决策上要避免陷入误区,就要广泛听取教育理论工作者和教育实践者的意见,力求做到民主化。

第三,规律的存在是无条件的,规律的应用是有条件的。

规律无处不起作用,但规律的运用要有条件。所以具体问题要具体分析,一切要根据时间、条件而灵活对待。我们常常强调要符合国情、省情和校情,都是指时空、条件不同,不能生搬硬套。例如:20世纪有两个理念,一个是教育机会均等理念,一个是人力资本理念,二者对高等教育的影响很大,尤其是对亚洲的高等教育影响很大。20世纪下半叶以来,全世界的高等教育发展每10年差不多翻一番,就有这两个理念在起着推波助澜的作用。教育机会要均等,但是许多国家不看时间,也不看条件,就在短期间把全国高等教育几乎均等了,往往导致高等教育质量严重下降。再就是人力资本理论,鼓励国家大力发展教育,加大教育投资。人力资本理论是对的,人力资本的确是最重要的,大力培养专家、培养专门人才也是强国之本。但如果跟经济发展不配套的话,人力浪费、待业、失业反而会变成负面影响。总之,这两个理论都是对的,但是要看时间够不够,条件够不够,需要认真考虑。

正确的理论、规律,如果用在不符合规律的地方,也可能产生负面影响。比如,许多国家招生搞宽进严出,但在中国,不很好地考虑国情就套用宽进严出的话,就会出问题。20世纪80年代,成人高等教育曾搞宽进严出就出了问题。在中国,宽进容易,严出就难了,最后变成宽进宽出。中国跟外国不同,中国大学生的毕业率是95%以上。所以在其他条件不具备的时候,不能这么做。倒是自学考试乘这个机会发展起来了,为什么呢?因为它考教分离,它能做到宽进严出,而一般成人教育是考教不分离的,宽进易严出难。

总之,在规律被发现之后,认识规律不难,应用规律不易。上面所举的应用规律的例子,看起来似乎很简单,其实其过程很复杂。[①]

三、高等教育学科的变化、发展

(一)变与不变是学科建设所要面对的问题

社会在变化发展之中,作为社会子系统之一的教育,相应的变化发展是必然的,也是必要的。人的认识也在发展提高中,对变革中的高等教育的认识不断加深、提高也是必然与必要的。因此,作为高等教育理论建设的高等教育学,必然也必要反映社会与认识的变化。

如上所述,近现代以前的高等教育,指的就是研究高深学问的大学或大学教育,而现在大学只是高等教育中的一个组成部分,还有许多并非研究高深学问的应用型、职业型的专业院校。高等教育这个概念的外延虽然扩大了,但还不足以概括所有建立在普通教育基础上的网络课程、培训班之类的教育,因此国际上又提出了第三级教育、中学后教育等等外延更宽的概念。

大学教育—高等教育—第三级教育—中学后教育……概念的外延在不断扩大中。高等教育学,尤其是高等教育学科群的建设,不能不及时反映概念外延的扩大,将正规与非正规、学历与非学历都包括在研究范围之中。

在认识的变化方面,如素质教育、通识教育的提倡与实施,以生为本,大学生自主性的提高,大学教师发展理念的提出与实施,现代大学制度的建设,以及后现代主义思潮的汹涌,对课改的影响,如此等等,无不应当反映在高等教育理论建设中。

还有,网络课程的发展与推广,对高等教育课程、方式与方法、制度、管理以及教育理念的冲击,方兴未艾。高等教育学科建设,不能不及时反映这一变化的态势。

但是,作为高等教育核心的内涵,也就是高等教育的本质——建立在普通教育基础上的专业性教育,是不应任意曲解或否定的。如果事物的本质变了,事物也就不复存在,或许变为其他事物。高等教育也许有一天融入终

---

① 潘懋元.潘懋元文集:第六卷[M].广州:广东高等教育出版社,2010:252.

身教育体系之中而不存在了,或者作为终身教育的一个特殊的组成部分而继续存在。

(二)高等教育学科建设要反映从精英高等教育到大众化高等教育的变化

众所周知,将现代高等教育的发展分为精英、大众化、普及化三个阶段是马丁·特罗所提出的。马丁·特罗这一理论提出之后,很快为各国所认同,中国也于20世纪90年代引进这一理论并作为教育发展政策的指导思想。因为这一理论符合高等教育必须与经济社会发展相适应的规律。

就世界范围说,二战之后,发达国家的经济发展迅速,生产力的提高与技术的转型需要大量受过高等专业教育的人才,因此,世界大学生数,自1950年之后,开头30年,几乎每隔10年就翻了一番,其后20年,增长数也很惊人。根据联合国教科文组织1998年的世界教育报告,1950—1997年世界大学生数的增长如表1:

表1 1950—1997年世界大学生数

单位:万人

年份	1950	1960	1970	1980	1990	1997
大学生数	650	1210	2810	5100	6860	8820

资料来源:王晓辉.联合国教科文组织首次世界高等教育大会的主要内容[J].世界教育信息,2010(5).

又据2009年第二届高等教育大会公报称:2007年全球高等教育机构注册学生已达1.53亿,几乎又翻了一番。

中国学者在20世纪90年代初就引进高等教育大众化的理念。但在政策层面上认同这一理念则是在世纪之交,反映了中国经济社会转型发展的需要。众所周知,中国经济的转型发展,要求生产力要从劳动密集的粗放型向技术密集的集约型转变,经济制度要从计划经济向市场经济转型。前者要求高等学校更多地培养应用型的高级专门人才,后者要求高等教育的体制、机制变革。这就是中国在世纪之交扩招并迅速进入高等教育大众化阶段的时代背景。

应当说,中国高等教育从精英阶段进入大众化阶段是正确的,是符合高

等教育必须与社会发展相适应的规律的。但由于准备不足,发展太快,产生了两个方面的问题:

其一是显性的,表现为数量增长与质量下降的矛盾。如果说,世界高等教育的增长,半个多世纪以来,大学生数每 10 年就几乎增长了一倍,翻了一番,那么,中国从 1998 年到 2008 年的 10 年间,大学生数增长达 6 倍。由于教育资源,尤其是优质教育资源跟不上,质量的保障成了世界性的问题,1995 年联合国教科文组织在《高等教育变革与发展的政策性文件》中,就把"质量"问题作为三大主要挑战之一。而对中国的挑战,更为严重。这就是为什么当前国家对各级教育的战略是:义务教育均衡发展,高中教育加快普及,职业教育大力发展,而高等教育则是提高质量。① 这一显性的问题是人所共知的。

其二是隐性的,表现为以传统的精英教育的眼光来看待、评价大众化高等教育与制订教育政策。人的认识,往往落后于客观事物的变化、发展。高等教育虽从精英阶段发展至大众化阶段,但许多人,包括学者、专家和决策者,思想认识往往还停留在传统的精英教育阶段,从而不能正确地对待大众化高等教育的变化发展,从而在制定政策上,不能公平、公正地对待大众化阶段的新事物。

高等教育从精英阶段到大众化阶段的变化是方方面面的。比如:

——从培养为数不多的精英人才,到着重培养数量庞大的应用型专门人才;

——从以研究高深学问,追求学术价值为导向,到以适应人才市场需求为导向;

——从单一化教育模式,到多样化教育模式。

多样化是大众化的必然要求,也是大众化发展的必然趋势。在大众化阶段,精英高等教育仍然存在,并应加以保护与适当发展,但只能是多样化教育模式的一个组成部分。多样化体现于大众化的方方面面,包括培养目标与教育质量的多样化、层次与类型的多样化、办学形式与体制的多样化、经营方式的多样化,等等。多样化有利于新生事物的产生与发展,有利于高

---

① 国家中长期教育改革和发展规划纲要(2010—2020 年)[Z].北京:人民教育出版社,2010:22-28.

等教育大众化的发展。但人们习惯于求同、统一的思维定式,对于多样化的事物很难适应,总想将多样化统一起来,这将不利于高等教育大众化的发展。

(三)以"和而不同"的理念协调高等教育变革中所出现的矛盾

应当提倡以"和而不同"的理念,来协调高等教育大众化的多样化发展。在高等教育学科建设中,也应当以"和而不同"的理念,来协调高等教育变革中的矛盾关系。

高等教育从精英阶段进入大众化阶段,不仅是量的增长,而且引发许多质的变化。高等教育大众化是一个量与质的统一的概念。质的变化包含教育理念的改变、教育功能的扩大、培养目标和教育模式的多样化,课程设置、教育方式与方法以及入学条件、管理方式等一系列的变化。这些变化,虽然大多数是体现在实践层面上的现实问题,但必然要反映到理论层面上。因此,高等教育学科理论建设是保持精英阶段的传统观念还是适应大众化阶段的变化,就突出地体现在高等教育的价值观、质量观、发展观的矛盾上,从而也体现在政策层面上。

1. 价值观上的矛盾

传统观念认为大学的本质是主观的认知理性,高等教育唯一的价值就是学术追求。高等教育应当"为学术而学术",不应当要求其与社会的经济、政治、文化相适应,以致降低大学的学术水平。

大众化观点则认为高等教育与社会发展和个体发展相适应具有必然性与必要性。高等教育的价值就在于推动社会发展和个体成长,并在社会发展和个体成长中实现自身的发展。凡是符合社会发展和个体成长的各级各类教育,都有其存在与发展的价值,都可以成为一流的院校。研究型的大学要在为社会的发展与个人的成长中不断提高学术水平,而应用型的院校则是在满足社会对专门人才的需求和个人的成长中实现其教育价值。其实,精英高等教育也要在同社会、个体的互动中才能实现其教育价值,而不应退回昔日的象牙塔中,只满足少数人的"闲适好奇"。

2. 质量观的矛盾

传统观念以理论知识的多少、学术水平的高低作为衡量高等教育质量的唯一标准。因而认为高等教育大众化,一方面降低高考录取分数线;另一方面,在学期间,又减少理论课程,着重技术、技能的实训,势必导致高等教育质量严重下降。

大众化观点认为进入大众化阶段,应持多样化的质量观。学生掌握知识、提高能力、适应社会需求和自身全面发展,就是高质量。不应持单一的学术标准来评价多样化的大众化高等教育。

由此观之,对"高等教育质量下降了"这一判断,包含了一个真命题和一个假命题,真命题所指的是扩招太快,教育资源尤其是优质教育资源的增长跟不上大学生数的增长,因此,应当适度降低大众化的速度,加快人、财、物的投入,尤其是提高师资水平,从而逐步提高质量。假命题所指的是以传统的精英教育质量标准来衡量应用型、职业型的教育质量。不少学者、专家,正是自觉不自觉地用传统的质量标准来评价当前多样化的高等教育,从而陷入马丁·特罗所指的"传统的扩张主义者"的窠臼:他们欢迎高等教育规模扩大,但要维护传统精英高等教育的质量标准,从而阻碍了大众化的发展。[①]

3. 发展观的矛盾

维护传统的精英高等教育价值观与质量观,虽然也欢迎高等教育规模扩大,但实际上是不赞成高等教育大众化的。如上所述,大众化是一个量与质统一的概念,没有量的增长,既不能满足经济社会发展、转型的要求,也不能满足个体在民主、平等的社会中对教育机会均等的要求。前一个时期,中国由于扩招太快而影响质量的保持与提高,但总的趋势是积极发展的,近年来已做了适度的调整。

4. 政策上的矛盾

价值观、质量观、发展观必然体现在政策层面上。尤其是传统的求同、统一的思维定式对政策的影响,阻碍了高等教育大众化的变革与发展。例如:大规模的统一高考,重视理论知识而轻忽实践技能,不利于应用本科与高职院校选择合适的人才;统一的办学条件不利于大众化多样化办学;以传统教育为基准所制定的统一评估制度驱使高等院校同质化。自 2010 年《国家中长期教育改革和发展规划纲要(2010—2020 年)》颁布执行以来,有的

---

① 潘懋元.潘懋元文集:第三卷[M].广州:广东高等教育出版社,2010:405.

政策已开始有所改变,如高考政策、评估政策,但举步维艰。例如,关于去行政化的政策、对民办教育的歧视政策、不利于高职发展的重本轻专政策,等等。

高等教育的理论研究不可能代替政策研究,因为政策的制定,还需要结合现实条件。但是,理论研究负有引导政策的社会责任。高等教育学科建设,面对高等教育的变革与发展应当与时俱进,从发展的趋势中预见未来,指引政策的制订,推动教育的变革与发展。

(原载《中国教育科学》2014 年第 4 期)

现代高等教育思想的演变

——从 20 世纪至 21 世纪初期

潘懋元

新的世纪,新的挑战,新的机遇,新的希望。

进入 21 世纪,高等教育正面临着前所未有的巨大挑战,出现了前所未有的新局面,需要进行前所未有的深刻变革,正如世界首届高等教育大会宣言所说,高等教育必须"进行从未要求它实行过的最彻底的变革和革新"。

中国高等教育发展面临的挑战主要来自两个方面。一是世界科学技术的迅猛发展和知识经济社会的来临。这是全世界都面临的共同性问题,在新的科技革命面前,人类的生产方式和生活方式将发生巨大的甚至是根本性改变,这是影响高等教育变革的全球性大背景。但对于发展中的正在进行现代化建设的中国来说,所面临的挑战更为严峻——既有农业社会向工业社会过渡的问题,也有工业社会向知识经济社会过渡的问题,双重的跨越,历史任务更加艰巨。二是社会主义计划经济体制向社会主义市场经济体制的转变。这是中国的特殊性问题,经济体制的转型,从人的价值观到社会生活方式,将出现许许多多的新问题。不仅如此,两个方面的挑战又是相互交织在一起的,而且随着世界形势和中国社会的发展变化,将不断提出新的要求与新的问题。

所有这一切,都给高等教育的发展带来了巨大的压力,也带来了全新的机遇,并使得中国的高等教育处于改革发展的重要时期。高等教育改革何去何从?有很多问题需要探讨,其中思想观念的探讨显得格外重要。

从 20 世纪下半叶到 21 世纪初的这数十年,中国高等教育在面临世界科技革命和中国社会主义市场经济两大挑战中改革与发展,总的来说,成绩斐然,困难不少,变化很大,但不平衡。而在改革与发展中,不论成功或挫折,顺利或困难,大家都感到与教育思想密切相关。尤其是 20 世纪 90 年代中期以来,在讨论要把什么样的高等教育带进 21 世纪时,更感到首先要解决的是把什么样的教育思想、教育观念带进 21 世纪。因此,当时许多大学自发地开展高等教育思想转变的讨论。原国家教委和现任的教育部领导总结了这一经验,概括了三句战略指导性的话:"增加投入是前提,体制改革是关键,教学改革是核心。"之后,又增加了一句:"教育思想和教育观念的改革是先导。"这后来加上的一句话,不可或缺。因为没有观念的转变和思想的指导,高等教育改革是难以成功的。回顾历史,高等教育所发生的重大改革和事件,都是在一定的思想推动和影响下进行的。

　　教育思想、教育观念,是同一个概念还是两个概念?为什么文件、报告中,有时说转变教育思想,有时又说转变教育观念,有时又两者并列呢?

　　在某种程度上说,教育思想、教育观念是同义词,都是指人们对于教育这种社会活动(现象)的认识。但认识有深浅之分,有系统的认识,也有片断的反映。因此,认识可以分为两个层次。浅层次的认识,即片断的看法、想法、意见、要求等,没有形成系统的思想体系,每一位教师、家长以及学生、社会人士等都有的,所以对某些教育问题,谁都可以发表意见;深层次的认识,是经过比较深入的研究,形成比较系统、稳定的思想体系,其更高层次则是教育理论、教育学说。为把两个层次区分开来,人们往往把浅层次的认识称为教育观念,而把深层次的认识称为教育思想。其实,两者在语义上并无严格的区分,都可以称为教育思想,也都可以称为教育观念。

　　那么,教育思想包括哪些方面的思想呢?很难进行明确的分类。带有根本性的思想认识　般有:教育本质观、教育功能观、教育价值观、教育质量观、人才观、教师观、学生观以及教育发展观等。而这些方面的思想认识,往往又是相互联系,很难截然分开的。如教育价值观与教育功能观密切相关,而在高等教育上,教育质量观与人才观又密切联系。同时,各版本教育哲学论著的分类也不尽相同。因此,讨论教育思想问题,应该从实际出发。

　　人类历史的发展总是在继承中创新的,思想的演变有其来龙去脉。要了解 21 世纪初的高等教育思想,首先有必要对 20 世纪的高等教育思想有一个整体的了解,如 20 世纪的高等教育思想的基本状况是什么?发展的"源"与"流"是什么?对高等教育实践的影响是什么?等等。只有对 20 世纪的高等教育思想有了一个整体的把握,才能对 21 世纪初的高等教育思想研究有开阔的视野和坚实的研究基础。为此,我们从时间和空间上进行了多维度的展开,按照一定的逻辑联系,选取了相互衔接的五个专题进行研究,它们是:一、20 世纪高等教育思想回眸;二、20 世纪西方教育流派及其高等教育思想;三、21 世纪初的高等教育思想;四、21 世纪初高等教育思想的影响与高等教育发展实践的趋势;五、中国高等教育的选择与回应。

这五个专题由历史到现实,由实践到理论,又以理论指导实践,既相互交织,又环环相扣、脉络分明、层层深入,基本涵盖了 21 世纪初高等教育改革与发展应该确立的基本思想以及这些思想之间的相互关系,这些思想对高等教育发展将会产生的影响以及中国高等教育的选择与回应,这就使得本研究具有一定的针对性、现实意义和理论意义。

第一,系统地梳理了 20 世纪的高等教育思想,其发展背景和发展脉络活跃在高等教育舞台上的几大主要教育流派以及对世界高等教育实践的影响,为探讨 21 世纪高等教育思想拓宽了理论视野和实践视野,从理论上丰富了高等教育思想的研究和比较研究。

第二,这种系统梳理是需要引起重视的研究领域,是 21 世纪高等教育思想发展的基础,有助于为 21 世纪的高等教育思想发展提供经验与启示;从 21 世纪初高等教育面临的重大挑战入手,讨论 21 世纪高等教育思想深化和发展问题,讨论思想的影响及发展的实践特征,如高等教育的大众化、高等教育私营化、高等教育终身化、高等教育国际化等,有助于人们了解 21 世纪初高等教育发展的大趋势。

第三,研究的落脚点立在中国,根据中国的国情选择发展道路,以正确的思想为指导回应许多现实中的发展问题。本课题主持人和参与者,已经在各自的岗位上,站在一定的高度,对 21 世纪中国高等教育面临的挑战以及 21 世纪高等教育思想的转变和思想内涵做了大量研究,有些专题研究与博士生们的学位论文研究相结合,有些专题的研究是课题组成员,也是高等教育学专业的博士们以往课题研究的进一步延伸。

总之,通过对现代高等教育思想演变的探讨,有助于转变高等教育思想,纠正高等教育改革与发展中的偏向和错误认识;有助于丰富和充实高等教育的理论体系,形成科学的高等教育价值观、人才观、质量观、发展观等,为高等教育决策提供科学的理论依据;有助于明确指导思想,克服高等教育改革与发展中的思想阻力,加快高等教育改革的步伐,促进高等教育的良性发展。

当然,在研究中,虽力求相互沟通与衔接,但由于各个专题是分头并进、各自成篇的,某些重叠在所难免。但其所论述的角度和侧重点不同,整体上基本是个相互衔接的体系。下面将各部分主要内容进行简要介绍。

一、20 世纪高等教育思想回眸

20 世纪高等教育思想是 21 世纪高等教育思想进一步发展的基础,对 20 世纪的高等教育思想发展的基本脉络进行梳理,有助于为 21 世纪高等教育实践提供可资借鉴的经验和启示,有助于 21 世纪高等教育思想的推陈出新。

这一专题侧重 20 世纪高等教育思想的回眸,主要从以下几个方面展开:

第一,对 20 世纪高等教育的发展脉络进行了回顾。人类进入 20 世纪以来,世界政治、经济、文化、科学技术等发生了巨大的变化。在此背景下世界高等教育的制度、组织、管理、规模、质量、结构和效益等都发生了巨大的变化,这种变化主要表现在:规模持续扩大,模式不断创新;日益突出高等教育的质量和效益;课程设置与教学更加科学化;产学研之间建立互动机制和发展链;形成了灵活多样的高等教育制度。

第二,对 20 世纪世界高等教育思想发展进行了回顾。在分析的过程中又分为前后两个发展时期。20 世纪前半期,工商业发展、新人文主义和功利主义思潮等的冲击,改变了人类的社会结构和生活方式,促进了世界高等教育的变革。这一时期的高等教育改革不仅促进了高等教育由传统向现代发展的重要转折,而且奠定了现代高等教育的制度基础和思想基础,或者可以说,现代高等教育制度正是在这一时期初步形成的。20 世纪后半期,高等教育进一步发展,在对发展道路的认识和追求过程中经过一定的积淀,形成了些主流的高等教育理念,诸如高等教育民主化、高等教育国际化、高等教育私营化。

高等教育民主化与高等教育的持续扩张相关联。20 世纪后半期,世界各国在推行高等教育民主过程中,经历了英才主义哲学的高等教育民主和平等主义哲学的高等教育民主。英才主义哲学主张在能力面前人人平等，注重求学者的能力、质量衡量的公正和均等。平等主义哲学主张高等教育是每个公民的权利，主张高等教育入学机会的平等。随着高等教育规模的持续扩张，各国在推进高等教育民主进程中都倾向于将英才主义哲学的高等教育民主与平等主义哲学的高等教育民主协同进行，在推行高等教育中，机会与能力人人平等。

20 世纪 70 年代中期以后，国家之间的相互依存关系更加明显，经济全球化、文化多元化与信息网络化，使各国高等教育失去了疆界，互相走进彼此的高等教育领地，求得共同生存和发展的空间。与之相应，高等教育国际化在各个层面广泛展开，不再只是国家教育扩张与政治扩张的有效工具，而且更大程度上成为高等教育自身发展不断完善的不可缺少的重要手段。

高等教育私营化所体现的办学理念也是一个充满矛盾的统一体，无论是政府出于经费考虑而采取开放政策、大力发展私立高等教育以弥补公立高等教育发展的不足，还是部分私立院校以办学作为牟利的手段、以盈利为办学的目的，都具有典型的功利主义倾向；而私立院校追求办学的独立自主、学术自由和民主精神等，又蕴涵着浓厚的理性色彩。可见，高等教育私营化所体现的办学理念也是多元的，是私立院校、政府、市场之间的一种博弈，是高等教育发展无法回避的现实。

大体而言，20 世纪高等教育发展与改革的指导思想，基本上是围绕着高等教育及其实施机构存在的合理性、存在的价值和发展道路来展开的，可概括为认识论的高等教育哲学和政治论的高等教育哲学，其中，一些重要人物的影响也起着重要的作用。通观 20 世纪，如果将主流的高等教育制度、思潮和一些教育家的高等教育思想进行分类，可以看出，对高等教育的价值判断主要有两种维度：一是高等教育发展的时间维度；二是高等教育发展的空间维度。从时间维度上看，高等教育的发展是着眼于当前利益，解决实际问题，还是着眼于长远利益，维系大学的文化功能和精神价值？从空间维度上看，高等教育是着重对人的开发还是对自然的开发利用？对这两个问题的不同回答和态度，反映了理性主义与功利主义的两种态度。

第三，对 20 世纪高等教育思想进行分类和概括，以理性主义与功利主义的冲突、消长和融合为主线，考察了 20 世纪高等教育思想的演化。

理性主义主张大学的使命是培养完人，探索真理，应该依据大学自身的发展目标,重点投入基础理论和传统学科专业的人才培养和科学研究;功利主义则提倡优先发展有重大经济价值、为社会带来巨大利益的学科专业,削减甚至砍掉无实际经济价值的实用学科专业,根据社会和市场需要配置大学资源。理性主义更青睐于"大师"而非"大楼",认为大学所培养的人才不仅应该会做事,更应该会做人;功利主义则非常重视教学、科研等的实用作用,强调大学人才培养和科学研究应该与企业生产和社会经济发展的密切合作。理性主义主张大学应作为"象牙塔",独立于政府、社会之外;功利主义强调大学适应政府及社会发展的需要。

进入 20 世纪后,功利主义教育思想在西方高等教育中占据主导,世界高等教育发展中的市场化、私营化、大众化、国际化思潮和发展趋势无一不与社会发展的现实需要以及高等学校的生存和发展息息相关,体现了功利主义思想强大的影响力。但是,随着功利主义的消极作用逐渐显现,理性主义又展开了强大的理论攻势,认为功利主义流行是大学教育的悲哀,要求现代大学远离社会生活的尘嚣和功利诱惑,树立和培植自己的理想,不为任何利益集团所左右,坚持大学自治,学术自由,以"培养完人"为办学目标,以"探索真理"为使命,充分实现自己的教育功能和学术价值,成为万人敬仰的学术圣地和知识殿堂。

功利主义对高等教育的影响更多地体现在政治、经济、文化和科学技术对高等教育的影响上;理性主义对高等教育的影响主要体现在高等教育内部的发展因素上。因此,折中、调和的观点也有重要地位。罗素非常强调两个并重或兼顾,即大学教育兼顾学术与功利,教学与科研并重。弗莱克斯纳一方面主张"大学不能远离社会",大学要与社会保持接触,另一方面大学对社会又不能过分亲近,要保持适当距离,"大学应满足社会的需要,而不是它的欲望"。折中的观点体现了思想上的融合。

在办学实践中,理性主义与功利主义的两大思想体系融合更为显著。20 世纪的高等学校一方面竭尽所能地维护大学自治、学术自由,一方面又在不同程度地走向社会、走向市场,从社会和市场中获得办学资源,同时借鉴运用市场经济的运作法则,提高办学效率和效益。理性主义办学思想也逐渐接纳和满足政治、经济等外部因素的需求;功利主义办学思想和模式也引入了理性的色彩,遵循大学教育自身的发展规律,建立系统、规范、科学的运作规则。

归结起来,高等教育发展是受内外两种推动力作用不断向前发展的。外部的力量主要是社会的政治、经济、文化和科学技术的影响,内部的力量源自高等教育内部矛盾的对立统一。这就是教育内外部关系规律对高等教育的作用。教育的内部关系规律受外部关系规律所制约,外部关系规律要通过内部关系规律才能起作用。对高等教育而言,主动适应社会的发展与坚持自身发展的内在逻辑是辩证统一的,偏执一端会造成高等教育发展模式与机制的垄断、效率的降低、资源的浪费,甚至失误。

二、20 世纪西方教育流派及其高等教育思想

20 世纪是高等教育繁荣的世纪,也是教育思想史上学派林立的世纪,各种高等教育思想流派在教育的舞台上陆续登场,留下了对高等教育实践影响的历史烙印。这一专题研究了 20 世纪西方主要教育流派发展的线索,逐一分析了五大主要教育流派,即自由主义、实用主义、要素主义、永恒主义、存在主义的思想观点及其对高等教育实践的影响。

自由主义教育思想的观点和内容原先主要是针对学前教育和普通中小学教育的,但是以罗素和怀特海为代表的教育家的视野更多的是在高等教育领域。他们主张:大学教育应该培养人的理性、智慧和心灵,不应将专业教育和普通教育对立起来,重视学术自由在大学中的地位和作用。

实用主义教育流派对美国以至全世界的高等教育产生了不可估量的影响,其主要代表人物是对进步教育运动产生重大影响的杜威。在高等教育领域,实用主义教育流派的主要思想和影响有:以个体生长为主线,把高等教育统一在整个教育体系之中,这一方面确立了经验在高等教育中的地位,同时也动摇了高等教育的贵族特性,为高等教育民主化和大众化奠定了思想基础;职业教育与文化修养应该而且能够统一起来,也就是职业教育可以达到自由教育的目的,体现自由的精神;民主意味着自由,也意味着广泛的参与和承担社会责任,并且从根本上影响着 20 世纪美国式学术自由的基调。

要素主义是在反思实用主义和进步教育运动过程中产生的,在其内部又有诸多小流派。要素主义主要有两方面的内涵:一是教育作为社会的"要素",这主要是指教育在国家和社会中具有核心地位,发挥着重要作用。二

是在教育中"要素"的内涵,这一方面侧重知识的要素,认为系统的学科知识是教育的普遍要素,是人类文化的精华,是人类赖以生存和发展的基础。总体而言,要素主义对高等教育的影响主要有:重新肯定了人类知识和文化中共同经验、传统和要素存在和价值,重视高等教育中有系统的知识和学科教育;彰显美国教育传统,强化了选修制和研究生教育;强调高等教育与国家的密切关系,增强了高等教育的社会责任感;赋予自由教育以鲜明的时代特征,确立了普通教育的地位。

永恒主义同要素主义一样,基本是在反思进步教育运动和实用主义流派的过程中发展起来的。与要素主义不同的是,永恒主义更注重复归传统,体现着鲜明的保守主义倾向。其最著名的代表人物是赫钦斯。永恒主义对高等教育的影响主要有:重新张扬了西方理性主义的教育传统,体现着强烈的古典主义倾向;将人的理性发展当成教育的目的,强调了普通教育的重要性;在大学中赋予古典名著及古典人文学科以重要地位,对保存和发扬西方优秀文化遗产和精神做出了重要贡献;强调大学应与社会保持距离,避免过度功利化的色彩。

存在主义是对要素主义和永恒主义反思的结果,体现了西方人本主义的教育思想。其中最著名的代表人物是德国存在主义哲学家雅斯贝尔斯。存在主义对高等教育的影响主要有:将人的精神和灵魂作为教育的目的;强调大学是精神交往的场所,不能为现实所左右,应该拥有学术上的自由;强调大学中的各种任务、活动和知识应该交融在一起,不应为任何偏见和隔阂所束缚。

总体而言,西方教育思潮在 20 世纪经历了几次大的改变:首先,20 世纪初期,进步主义和实用主义教育流派的产生开创了西方个人主义教育的先河;其次,20 世纪中叶,要素主义和永恒主义的出现,体现了对传统教育形式和思想的复归;再次,六七十年代存在主义思潮的冲击,体现了对传统教育思想的再否定,是西方人本主义教育思想的盛行。由此可以看出,西方教育思想呈波浪式发展态势。这主要表现在以下几个方面:

第一,从教育的目的来看,经历了理性—经验—理性—精神的发展过程。自由主义流派主张教育尤其是大学教育应该注重培养人的理性、智慧和心灵,这是西方教育重视人的发展传统的体现。实用主义流派则完全摆脱了西方的理性传统,从个人主义出发,以个体的生长为主线,确立了经验在教育中的地位。要素主义流派的出现，又部分地恢复了理性教育传统，重新肯定了人类知识和文化中的共同要素，有系统的知识和学科教育又受到重视。与要素主义处在同一时代的永恒主义，则从另一方面张扬了理性传统，进一步强调人的理智发展的重要性。但是存在主义流派的盛行又带来了对理性传统的再反思，把人的精神和灵魂的发展作为教育的目的，是继实用主义时期后个人主义在教育中的又一次张扬和发展。

第二，在大学教育领域，自由（普通）教育与专业教育孰重孰轻一直是争论的焦点。很多流派都主张两者的关系应该协调发展，但实际上，自由教育和专业教育从来就无法获得真正的平衡。应该说，自由主义流派更倾向于自由教育，而实用主义从个体经验和适应社会的角度出发，则更重视专业和职业教育。到要素主义流派，为了能使自由教育更符合时代特征，提出了改革自由教育的观点，从而确立了普通教育的地位，也使得自由教育重新焕发出时代的生命力，并为社会所接受和认可。同要素主义一样，永恒主义也认为大学中应实施普通教育。但是，要素主义更强调普通教育发展人的普遍知识的功能，而永恒主义的普通教育则更强调发展人的理性和智慧。在这一点上，永恒主义与自由主义有着深刻的渊源。存在主义流派则从更广阔的视角看待两者的关系，认为大学中的各种知识、活动都应该交融在一起，以使得大学能够成为真正的社会精神机构。

第三，从教育与国家、民族发展的关系来看，教育思想是从普遍主义到对民族和国家的利益做出回应，再回向普遍主义的过程。概括地说，自由主义、永恒主义、存在主义是普遍主义的反映，主张教育应致力于促进人的发展，而不应为国家现实的发展所左右；要素主义则十分强调教育与国家、民族发展的密切关系，增强教育的社会责任感。实用主义虽然是个人主义基调的，但是进步主义和实用主义本身是强调社会改良的，其所说的个人发展也是建立在这种改良了的社会基础之上的。

第四，在大学的地位和作用方面，各种流派的观点总是在大学应远离社会与大学为社会和国家服务之间徘徊。自由主义认为，大学应该远离社会，这样才能发挥其促进新知识和社会精神发展方面的作用；实用主义实际上是把教育看成是民主改造的工具，因此强调大学应与社会保持密切的联系。永恒主义和要素主义在这一点上的主张刚好相反，永恒主义认为大学应该与社会保持一定的距离，避免过度的功利化，要素主义则十分强调大学要为国家和民族服务。存在主义的观点更为超脱,从大学作为精神交往场所的角度出发,认为应该拥有学术上的自由。

第五,在学术自由方面,体现了从绝对自由到相对自由的变化。自由主义流派赋予学术自由以重要地位,认为学术自由是大学一切活动的保证,应该坚决维护。实用主义的观点改变了学术自由的传统内涵,认为民主既意味着自由,也意味着广泛的参与和承担社会责任,这使得传统学术自由中增加了社会责任感。在以后的发展中,要素主义进一步加强了学术自由中社会责任感的分量,而存在主义则更强调自由的本来意义。

三、21 世纪初的高等教育思想

人类走过 20 世纪进入 21 世纪,这是一个前所未有的巨变时代——由工业经济主导的社会进入知识经济主导的社会,即知识经济社会。这一专题以知识经济时代为研究背景探讨 21 世纪初的高等教育思想,也就是说,21 世纪初的高等教育思想研究实际上也就是知识经济时代的高等教育思想研究。在知识经济时代,高等教育面临一系列新的挑战,许多传统的高等教育观念和制度受到冲击,需要观念创新和制度创新。这一专题研究与知识经济时代相适应的高等教育思想,包括高等教育的基本性质、价值观、质量观和发展观。

首先,探讨了 21 世纪初高等教育面临的挑战。在知识经济时代,知识的加速发展及知识价值的提高、职业劳动的变化、现代信息技术的发展和应用、经济的全球化和市场化影响等,都会对高等教育提出新的挑战。劳动智能化、信息化、全球化等对高等教育提出了新的要求,比如,信息技术在高等教育中的应用,市场机制向研究和教育领域的渗透强有力地冲击高等教育,等等。这些挑战无论是从高等教育系统内部还是外部都形成了强大的变革的力量,从而使得高等教育的时空界限被突破。

其次,对高等教育的基本性质、价值观、质量观和发展观展开研究。在知识经济时代,高等教育出现了一些新的功能,体现了一些新的高等教育价值观。学生接受教育活动与职业活动相互交织、相互影响,高等教育功能向新的领域拓展,出现了大量的营利活动,非营利性高等教育也不同程度地市场化,迅猛的变革激化了思想观念的冲突。高等教育的发展需要重新认识高等教育的性质,并在此基础上调整价值观、质量观和发展观。

在知识经济时代,由于知识价值和学生地位提高,高等教育不仅是一种人才培养活动,也是重要的知识生产活动和教育服务活动,显示出多重性质。在与社会的关系方面,高等教育既具有公益性,也具有私人性;既具有全球性,也具有本土性。

在高等教育价值观方面,高等教育走进社会经济中心后形成了复杂的价值关系。学生、教师、院校以及不同的社会利益集团都有自己的价值追求,形成了充满矛盾的多样化价值观,各种价值观的冲突也就在所难免。对特定主体来说,在特定条件下,高等教育的各种价值是有大小之别的。面对高等教育的价值冲突,不应做非此即彼的选择,而应通过制度创新寻求整合,使不同主体的价值取向都能得到实现,具有不同价值观的高等教育都能存在和发展。当然,谁主导高等教育的价值取向往往是多元主体之间博弈的结果。例如,在欧洲中世纪大学中,学者凭借其知识权威,运用迁校、罢教等手段,在同教会、地方政府、学生的博弈中赢得了高等教育价值取向的主导权。在工业经济时代,高等教育走出象牙塔,主导高等教育价值取向的格局发生了变化,国家和地方政府的意志得到更多的体现。在知识经济时代,高等教育进入社会的中心,更多的生产主体和消费主体参与了争夺高等教育价值取向主导权的博弈。博弈的理想结果是双赢或者多赢。要取得这样的理想结果,常常需要广阔的制度、创新的空间,以保障在博弈中无法取得价值取向主导权的主体可以做出新的选择。

高等教育质量观应与其多重性质相适应,完整的高等教育质量体系应包括人才培养质量、知识生产质量和教育服务质量等方面。知识经济时代的高等教育质量标准更多的是以消费者(学生以及不同的社会利益集团)的需求为依据确定的,重视消费者的满意度,也必然是多样化的。随着高等教育的普及和大众化,高等教育要面向所有需要的人提供服务。不同类型的学生对高等教育服务有不同的要求。作为教育服务的高等教育质量标准也是多样化的。学术性教育服务的质量标准就不同于职业性教育服务的质量标准;向全日制学生提供的教育服务质量标准也不同于向非全日制学生提供的教育服务的质量标准。

总之,高等教育的多重性质、多样化的价值观和多样化的质量观形成了高等教育多样化发展的内在动力。适应知识经济时代的挑战,适应社会多样化的需求,还需要为高等教育的多样化发展提供更广阔的外部空间,创造多样化的高等教育发展机制。多样化的高等教育发展机制包括:一是高等教育机构高度自治。高等教育机构的自治在多样化发展中作用主要是:在抵制外部的强制改造、增强制度创新能力两个方面。二是高等教育系统高度开放。开放的高等教育系统不会用已有的价值准则和质量标准衡量新的高等教育模式。这样,新的模式比较容易被接受,创新体系容易形成。三是高等教育办学体制高度多元化。这样会使得高等教育在政府部门、营利部门和非营利部门中发展,创造丰富多样的、适应各种不同需要的模式。

四、21 世纪初高等教育思想的影响与高等教育发展实践的趋势

在对 21 世纪初高等教育思想认识的基础上,这一专题着重探析 21 世纪初世界高等教育思想对高等教育发展实践的影响,分析在这种影响下所形成的具有实践特征的当代高等教育发展的若干重要趋势,包括高等教育的大众化、私营化、终身化、国际化等。

高等教育大众化趋势主要受人力资本理论和高等教育民主化思想所推动。人力资本理论认为,通过投资教育形成和增加的人力资本,能给个人、企业和国家带来丰厚的回报;民主化思想则将接受高等教育由一种特权转变成为一种个人应享有的公民权利,从而极大地刺激了个人、企业和国家对高等教育的投资和需求,使高等教育规模和结构发生巨大变化。最早从这种变化中正式提出高等教育大众化概念的,是美国著名教育社会学家马丁·特罗教授,他明确阐述了高等教育由精英型向大众型、普及型发展的理论,并概括出高等教育将出现量和质的变化。另外,这一专题还探讨了高等教育大众化发展的实际问题,如时机问题、资源分配问题、就业问题、质量问题等。

高等教育私营化的含义在不同国家和地区不尽相同,具体运作模式更是五花八门,但大体上包括两个方面的内涵:第一,高等教育经费中私有成分不断加大,个人、团体和私营部门投资办学,同时国家和学生共同承担办学经费。第二,公立高等学校按照私营模式来管理和运作。高等教育私营

化趋势及其思想的出现,原因是多方面的:一是为了解决高等教育经费短缺与国家扩展高等教育的矛盾,这是高等教育私营化的最直接、最主要的动因;二是为了提高学生的学习动力和学习的自主性;三是为了促进高等教育供给方式的多样化和选择性;四是为了提高高等学校的经营管理效率;五是为了增强高等学校对其消费者的责任感和质量意识。

对于高等教育私营化的发展,需要注意一些实际问题,第一,高等教育私营化并不意味着国家可以不承担发展高等教育的责任。因为,国家是发展高等教育的最大受益者,应承担发展高等教育的主要责任。这种责任不仅表现在国家直接举办高等教育上,而且体现在对私立高等教育的资助上。国家对私立高等教育的资助,不只是一个简单的经费问题,更有利于提高私立高等教育的地位,并在全社会形成利于私立高等教育发展的良好的外部环境。第二,私营化的"度"如何把握的问题。其中一个重要而敏感的问题,就是学费的合理性问题。这不仅涉及社会公正与教育平等问题,而且在一定程度上影响着学科流向和人才培养结构。第三,高等教育的私营化与高等教育自身发展规律的问题。这里需要明确的是,不管是私立高等学校还是公立高等学校的私营化运作,首先是高等教育机构,有其内在的规定性和必须遵循的根本规律。特别需要厘清哪些应遵循高等教育自身的发展规律,哪些可依照私营化运作的特殊方式或规律,从而在高等教育私营或产业运作规律与高等教育自身发展规律之间保持必要的张力。另外,还有高等教育私营化与高等教育质量的关系问题,以及高等教育的私营化与高等学校的竞争问题等。

高等教育终身化既是一种随着社会经济及科技、教育发展而出现的现代教育思想,也是高等教育发展实践的一种重要趋势。而且随着社会的进步和教育自身的发展,高等教育作为通向终身教育桥梁的特征日益显著。现代高等教育要融入终身教育体系之中,满足个人对高层次继续教育的需要。终身教育是面向未来的,不仅要使学生取得一个好成绩和顺利毕业,或者毕业后找到一个合适的工作和胜任现有的工作岗位,还要着眼于他们一生更好的生存和发展所需素质的养成。这是教育的一种理想境界,体现了教育对人的终身关怀。

终身教育无论作为一种理念,还是作为一种制度,正经历着从满足个人或社会对教育的功利取向的应急需要,转变为适应个人或社会对教育的多元取向的长远需要；从被动地选择教育，转变为自觉地追求教育的发展过程。这是一个长期的过程，也是现代终身教育体系形成并走向成熟之路。

高等教育国际化是一国高等教育面向国际发展的趋势和过程，包括高等教育目标的国际化、课程的国际内容、学者（教师和学生）从事与教育科研有关的国际流动、教育系统从事跨国界的技术援助和教育合作计划等。高等教育国际化的发展主要有以下几方面的原因：一是经济全球化进程的要求；二是多元文化融合的需要；三是信息技术发展的需要与支持；四是高等教育自身质量提高的需要；五是高等教育资源共享的需要等。

高等教育国际化成为当代的一个"宏伟话题"，比以往任何时候都更凸显出世界性和全球性，并呈现出明显的时代特征：第一，作为对高等教育的学术自由和机构自治的一种强调；第二，作为对提高高等教育质量和增强其针对性的一种强调；第三，作为对解决发展中国家和转型国家的人才外流的一种强调。同时也需要注意一些问题，如注意构建高等教育国际化的基础和依据，注意克服"西方中心主义"倾向，强调各国、各地区结合自身的实际，选择自己的高等教育发展道路。

另外一个很具体的问题是，21世纪初高等教育思想对高等教育教学领域将产生比较大的影响，将主要体现为两个重要趋势：一个是在信息技术的条件下高等教育的教学如何发展的问题，也就是说教学如何信息化的问题；另一个是在终身教育和教育创新的条件下高等教育的教学如何发展的问题，其中的一个重要方面就是高等教育的教学如何增强其选择性。

五、中国高等教育的选择与回应

这一专题探讨在当代高等教育思潮和发展趋势的影响下，中国如何发展高等教育的问题，也是从探讨的视角，从宏观领域到微观领域立足中国的发展讨论高等教育的改革与发展的问题。

到20世纪末，世界高等教育思潮与发展趋势增强了中国发展高等教育的紧迫感。在20世纪末，中国政府改变了控制高等教育发展的政策，大力推进高等教育大众化、投资和办学体制多元化，同时积极推进职业技术教育和注重教育质量提升。实际上,这几个方面存在协同发展的关系。在公共财政比较困难的情况下推进大众化,必然需要投资和办学体制的多元化;在走新型工业化道路推进现代化进程的发展战略中,必然要大力发展适应制造业和服务行业需要的高等职业技术教育;在此进程中,必然需要注重提高教育质量,包括精英教育的质量和大众化高等教育的质量。

当然,中国高等教育发展中还存在种种矛盾。

宏观领域的主要矛盾是高等教育发展的要求与高等教育自身适应性之间的矛盾。这种矛盾主要体现在发展速度与稳定性之间、近期发展目标与长远发展目标之间、数量与质量之间、公办高校与民办高校之间、国际化与民族化之间的关系之中。解决矛盾需要从理念、制度、实践的可持续发展三方面入手。在转变理念方面,要抑制过度的功利倾向,从长远考虑高等教育宏观领域的战略发展目标,从社会和谐统一的整体观念出发,将人文与功利相结合作为改革的基本指导思想,推动各方面可持续发展;要协调外部社会要求与高等教育自身发展逻辑的要求,将高等学校内部的目标同高等教育宏观领域发展目标统一起来,发挥办学主体的主动性和创造性,使整体发展寓于灵活多样的办学实践中。在制度创新方面,要在宏观调控和市场机制下,尊重主体(高校)的价值选择,分散权力;要适应社会和市场要求,尊重高等教育自身逻辑,确立若干"发展阈限",把握好大众化、民营化、国际化的度。其中,可持续发展是解决现有矛盾的原则。要实现可持续发展,要坚持改革,先试点后推广;要尊重创新,通过实践,不断完善。

在微观领域,矛盾主要表现在通才教育与专才教育之间,专业目录化和专业灵活化之间,课程体系的规划性与人才发展自主性、多样性之间,教育的人文性与功利性之间的关系中。解决途径也需要从理念、制度、实践三方面入手。在转变理念方面,要协调人的发展与社会发展的关系、功利与人文的关系,以人为本,使中国高等教育微观领域的改革服务于培养 21 世纪需要的新型人才;要坚持民族性与国际性结合,协调扬弃传统、借鉴与创新的关系,既顺应国际高等教育的发展方向,又考虑实际国情,特别应重视改革的整体性、系统性、协调性、持续性。在制度创新方面,要实施整体配套改革,实现高等学校内部管理的科学化与民主化。这一切都是为了建构 21 世纪中国高等教育自身的思想体系。

高等教育自身思想体系包容范围相当宽泛,根本性的思想认识就有教育本质观、教育功能观、教育价值观、教育质量观、人才观、教师观、学生观以及教育发展观等。其中,最为中国高等教育界所重视的是价值观、发展观和质量观,因此在讨论的过程中将其作为 21 世纪中国高等教育自身思想体系的核心理念来分析。基本的主张有人文与功利相统一的价值观,可持续发展的发展观,合格、和谐、多样的质量观。

在分析 21 世纪中国高等教育思想体系的基础上,需要具体分析如何构建合理的高等教育结构和体系,探寻中国高等教育可持续发展的道路。这专题还探讨了 21 世纪新理念指导下的几个问题。

第一,中国高等教育大众化的发展。21 世纪中国高等教育发展策略的核心是构筑一个良好的高等教育运行环境,而"在公平与效率之间"就是对中国高等教育体系和结构的未来走向或政策平衡的取向。这个"之间",并没有明确具体的位置,也不是预先完全计划好的,而是通过宏观调控和市场机制的双重作用,动态地获得两者的平衡。这也正体现出良好的高等教育运行环境的内涵。

第二,民营化和国际化的发展。民办高等教育在中国高等教育体系中的重要地位和作用,折射出 21 世纪中国高等教育发展战略的若干走向。而《民办教育促进法》颁行,是中国民办(私立)高等教育发展的一个里程碑,标志着政策及发展理念的若干积极转变。另一方面,中国加入 WTO 之后,民办高等教育政策必须紧随 GATS 和全球服务贸易谈判进展的轨迹做出调整,在政策调整中要有一系列长期的、正确的指导思想和理念。

第三,中国高校人才培养模式的改革。21 世纪中国高校人才培养模式改革涉及高校专业设置方式、课程体系和教学管理制度等方面,整体性原则、协调性原则、持续性原则、公平性原则等是改革中所应该遵循的基本原则。

第四,高校素质教育改革。21 世纪的中国社会发展实践,对高校素质教育改革提出了现实要求,而困扰素质教育领域的若干难题,也有可能在新的社会背景下得以缓解或克服。应该通过引导高校内部的改革,积极创造条件,形成新的素质教育机制,适应未来人与社会和谐发展的需要。其中对大学理工教育的素质培养目标,提出了"权衡沉思"的概念来整合素质教育和专业教育。

第五，产学研一体化的实践。21世纪中国高等学校产学研一体化的实践既要融入知识创新体系之中，又要协调高等学校教学科研规律与市场经济规律。

（原文为《现代高等教育思想的演变——从20世纪到21世纪初期》一书的前言，广东高等教育出版社2008年版）

高等教育学学科建设、人才培养与教学改革咨询

潘懋元

厦门大学于 1978 年在我国首创高等教育学学科,建立我国第一个高教研究专门机构——厦门大学高教所,出版了我国第一部《高等教育学》。作为全国第一个高等教育学硕士点和第一个高等教育学博士点,该学科培养了一批高素质的硕士、博士,为建设我国高等教育理论骨干教师队伍和研究队伍做出了贡献;面向教学改革实际,发挥学科独特优势,在为全国高校和国家教育部门培养和培训教师、干部,为全国大学的教学改革提供咨询和理论支持推动改革深入发展,向政府的宏观教育、教学改革决策提出意见和建议促进决策科学化等方面,起了独特的作用,在全国有广泛的影响。该学科已成为全国高等教育学国家重点学科点、全国高等教育学国家"211 工程"重点建设项目、高等教育学"普通高校人文

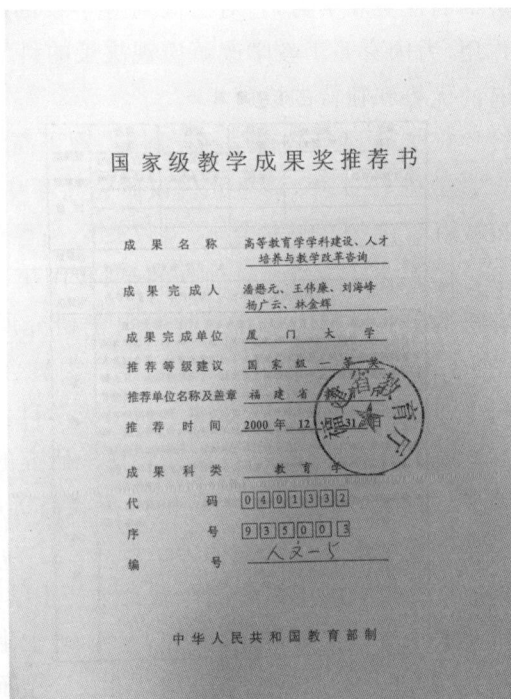

社科重点研究基地"。

一、主要内容

(一)基本内容

1978 年,在我国,高等教育学新学科由厦门大学首先创立。20 多年来,厦门大学高等教育学学科在学科建设、人才培养等方面始终走在全国同类学科点的前面,至今仍居全国领先水平,并在国际上有一定影响,成为我国培养高等教育学学科高层次专门人才的主要基地;同时,由于该学科具有为国内许多大学的教学与办学提供理论支持,为教育行政管理部门提供决策咨询的任务和实力,它对全国高等学校的教学改革直接或间接地起了推动作用,为国家关于教学改革宏观决策的科学化做出了贡献,这是该学科所特有的优势和独特的成就。

1. 首创高等教育学新学科,实现了高素质专门人才的规模培养

早在 1957 年,潘懋元倡议研究高等专业教育问题,并主持编写《高等学校教育学讲义》,印发全国。1978 年,高等教育学学科在厦门大学首先创立了。标志着这一新学科创立的是,我国第一个以高等教育为对象的专门研究机构——厦门大学高等教育科学研究所的建立,全国第一部《高等教育学》专著的出版。由此,国务院学位委员会于 1983 年把高等教育学列入学科专业目录,确定为教育科学的二级学科。

厦大高教所建立后,在开展科学研究的同时,积极为这一新学科培养人才。1981 年,率先在全国范围内招收高等教育学专业研究生。1984 年,厦大高等教育学学科被批准为全国第一个高等教育学硕士学位授予点,1986 年被批准为全国第一个高等教育学博士学位授予点。截至 2000 年,共招收研究生 157 名。其中,博士生 49 名,硕士生 108 名。目前,已授予博士学位 28 人,硕士学位 81 人;在学博士生 21 名,硕士生 24 名。近年来,高教所还接收部分留学生和高级访问学者。

学科初创时期,厦大高等教育学学科只设高等教育理论和高等教育管理两个研究方向,以培养该学科基本理论研究和教学人才为主要目标。其中,高等教育理论方向是其优势,不仅在国内领先,在国际上也有重要影响。

为适应我国高等教育改革对高等教育学科专门人才培养规格的新要求,该学科除继续培养基本理论研究和教学人才外,在培养目标上增加了适当培养应用型人才的要求,进而在学科方向上进行了改革,即在巩固发展高等教育理论这一优势方向的同时,拓宽了高等教育学学科方向,加强学科建设。根据国际上高等教育研究发展的趋势,结合国内高等教育改革与发展的实际,增设了6个学科方向。现在的高等教育学学科已发展成为包括高等教育理论、高等教育管理、高教课程与教学论、大学生心理、高等教育考试研究、中国高等教育史、西方高等教育史、比较高等教育等8个不同方向的学科,每个方向都已建设成为强而有力的教学科研集体。

针对非高等教育学专业的生源特点,该学科制定了一套针对不同起点、不同专业生源学生,在广博性和专业基本能力方面进行提高训练的细致而又可操作的硕士生、博士生培养方案,强调了学科点对课程的广博要求以及专业考试、教学实习、学位论文写作、答辩等关键培养环节的统一管理,从而保证了毕业生的较高素质。除对研究生的培养管理体系的建设外,该学科还注意激发研究生对事业的追求,培养他们的创新精神和实践能力,鼓励和支持在校研究生多出成果、早出成果,以自己的科研推动我国高等教育学科的发展。据统计,95%以上的硕士生、博士生在学期间都在公开发行的学术刊物上发表学术论文,有的出版了专著;有的科研成果获得了省、部级奖励,多位研究生获得厦门大学学生最高奖"嘉庚奖"等奖励。在已完成的博士、硕士学位论文中,取得了一大批优秀的学术成果,有的学位论文被评为优秀论文,有的学位论文的部分内容被《新华文摘》等重要刊物转载。近年来,该学科在全国范围内对毕业生进行了两次较大规模的追踪调查,结果表明,在百余名毕业生中,85%以上已经成为我国高等教育理论研究与教学的骨干,有的成为学术带头人,成为高教研究、教学或管理等应用领域的栋梁之材。他们出版了40余部该学科的专著,发表了千余篇学术论文,并获得多项国家级、省部级高规格政府奖,如教育部于1999年颁发的全国第二届教育科学优秀成果奖中,该学科毕业生就有6人获奖。目前,41人在工作岗位晋升了高级职称,4人为博士生导师。有的当选为中国高教学会常务理事、理事,全国高等教育学研究会常务理事、秘书长,或当选为高等教育学科各分支学科研究会的理事长、副理事长、常务理事。有10余名毕业生现在已经担任校长、院长、系主任、研究所所长等职。

抓紧政治思想工作,培养德智体全面发展的高素质一流人才,是该学科教学工作的着力点。办学之初,潘懋元教授就提出"坚持社会主义的办学方向,坚持高等教育学的专业方向"的要求,全体教师据此努力营造良好的思想教育环境,探索出了一套行之有效的教育手段与方法,形成了优良的学风。通过对研究生多种形式的引导和教育,全面提高了他们的政治思想素质、业务素质和身心素质。

2. 撰写出版高质量的系列教材,建设高等教育学教学基地

潘懋元教授主编的我国第一部高等教育学学科专著《高等教育学》(上、下册,人民教育出版社、福建教育出版社 1984 版)先后发行 5 万多部(10 多万册)。该书获得"首届吴玉章奖"和原国家教委颁发的首届"全国高等学校优秀教材一等奖"等奖励。《新编高等教育学》(1996)是潘懋元教授应联合国开发总署和教科文组织"中国高等教育管理人员培训与研究"计划(UNDP CPR)的约请而主持撰写的,该书被指定为我国高等学校管理干部和教师的培训教材,已发行 1 万 5000 多册。1978 年以来,该学科共出版教材、专著 60 多部,例如,《高等学校教学原理与方法》(人文社科"七五"国家级重点课题成果)、《高等学校教学改革的理论研究》、《高等学校文理基础学科课程与教学改革研究》、《大学本科教学质量管理研究》、《美国高等教育史》、《科举考试的教育视角》、《大学生创造性的发展与教育》、《大学生思维心理学》、《思维能力与教学》、《民办高等教育研究》、《战后台湾高等教育与经济发展》,等等。这些教材、专著形成了高等教育理论与历史、高等学校课程与教学论、大学生心理、高等学校管理(含教学管理)、比较高等教育等几个系列,内容涉及高等教育学专业的各主要研究方向和分支领域,具有较高创新价值和涵盖面广、内容丰富等特点。其中,近 20 部获得省部级以上的奖励,如在 1999 年教育部颁发的全国第二届教育科学优秀成果奖中,就有 4 部教材获奖。它们的出版对高等教育学学科建设和人才培养,起了基础性的作用。

该学科设有高等教育理论与历史、高等教育管理学、大学生心理学、比较高等教育 4 个教研室。1998 年,又成立了民办高等教育和高等教育考试两个研究中心。在教学上以马克思主义为指导,努力拓宽、更新、深化教学内容,除开设高等教育学、高等教育管理学、大学生心理学、高等学校管理心理学、比较高等教育学、中外高等教育史等学位课程外,还开设了高等教育

经济学、西方高等教育思想、中国高等教育问题、西方高等教育思想、西方心理学思潮、思维心理学、心理咨询与大学生就业指导、高等教育评估、高等教育科学研究方法等反映教育改革与时代需要的系列课程。经过20年的努力,已形成一套比较科学、严整的高等教育学专业课程体系和不断创新教学内容的有效机制。

潘懋元教授开设的高等教育学、高等教育学专题研究、中国高等教育问题研究等博士或硕士学位课程,在教学上做了开拓性和示范性的工作。他誉满全国,以严谨的内容体系、精湛的讲课艺术、独特的讲授风格和极佳的课堂效果,博得师生们高度赞扬。多年来,该学科点的教师以潘懋元教授为楷模,在他的带领下,努力探索,针对教学中普遍存在的问题进行一系列改革,尤其是,在教学方法上,该学科首创了"学习—研究—教学实践三结合"的研究生课程教学方法。该方法于1997年获福建省教学成果一等奖等3项奖励。这一教学方法是,导师通过精心的组织与安排,引导研究生在课程学习过程中把学习、科研与教学实践活动三者有机地结合起来,更有成效地完成该门课程的教学任务,使学生不仅系统地学习一门课程,还能深入地钻研一个或几个课题,获得讲课和主持课堂讨论的教学实践锻炼,从而培养研究生的自学能力、科研能力、教学实践能力和创新精神。

该学科创建以来,坚持每2周举行一次学术讲座,请学有专长的本学科教师或学生作专题学术报告,或邀请国内外著名专家、学者前来演讲,切磋问题,促使研究生尽早涉足学术前沿,探索未知领域。美国、加拿大、英国、日本、菲律宾、新加坡以及我国香港和台湾等十几个国家和地区的40多位专家、学者就曾一次或多次前来讲学或作报告。这些专家、学者如美国的阿尔特巴赫、格里高利,加拿大的海霍,日本的天野郁夫、喜多村和之、有本章,国内的顾明远、朱九思、杨叔子。教育部周远清、韦钰副部长和历任的高教司司长、副司长也曾亲临报告或座谈。本学科还曾聘请美国卡内基教育基金会主席博耶(已故)为名誉教授,聘请俄罗斯国家教育科学研究院院长尼干德诺夫教授、日本高等教育研究会会长天野郁夫教授、日本第一所高等教育研究机构广岛大学教育研究中心学术带头人有本章教授为兼职教授。又如,顾明远、孙培青、陈玉琨等国内资深教授以及其他近10位在国内享有盛誉的、具有博士学位的学术骨干也应邀成为该学科兼职教授。

该学科目前拥有完整的先进多媒体教学设备;资料室是全国相同机构

藏书量最大的,既有新中国成立前深厚的图书积累(厦大于 20 世纪 20 年代即办有教育学系),又藏有当今国内较为齐全的资料;与联合国教科文组织以及美国、法国、英国、俄罗斯、日本、菲律宾、新加坡、香港、澳门和台湾等十几个国家和地区的高等学校和学术机构建立了密切的资料交流关系。教师每人使用一台 586 电脑,研究生每 2 人使用一台 586 电脑;现代化教学所需要的其他教学设施,也基本具备。该学科是全国同类机构唯一设有心理学实验室的,配有一定的心理实验设备。现有教学、科研场所面积近 500 平方米,2001 年将迁入新落成的嘉庚楼群主楼第 9 层,面积 668 平方米;现有固定资产 100 万元,在图书、仪器设备和人员素质上处于国内领先水平。2000 年 9 月,厦大高教发展研究中心正式被教育部批准为"普通高校人文社科重点研究基地",国家和学校将投入大量经费,使该中心"继续成为全国高等教育学学科的专门人才库和人才培养基地"。这将给该学科的教学建设注入更加强劲的活力。

3. 培养和造就了一支高素质的师资队伍

高素质师资队伍是取得该成果的关键。作为一门新学科,该学科十分重视师资队伍的建设,并把它作为学科发展的主要任务之一,以此推动学科建设和高水平的科学研究、人才培养以及咨询服务等工作。创建头 5 年,该学科只有教授 1 人,副教授 1 人。如今,已拥有专职教授 5 人,专职副教授 10 人。其中,博士生导师 4 人,博士学位获得者 7 人,在职攻读博士学位 2 人。在该学科的 15 名高职称人员中,年龄结构比较合理,有 3 名 45 岁以下的教授和一批青年副教授。在每一年龄层次上,都有在全国处于领先学术水平的教师,从而形成了一个有层次、有后劲、高素质的学术梯队。尤其是,中青年骨干教师在全国高等教育理论界已崭露头角。例如,王伟廉教授在高教课程与教学论领域的研究、刘海峰教授在中国高教史与高教考试领域的研究、邬大光教授在民办高等教育领域的研究,都达到全国领先水平,并有一定国际影响;此外,在大学生创造能力、东南亚高等教育、外国高教史等领域,也取得了居于全国先进水平的科研成果。他们除公开出版了 60 多部教材、专著外,还在国内外重要学术刊物发表论文 1000 多篇,获省部级以上政府部门的奖励共 50 多项,主办全国性学术会议和教学研讨会 20 多次。

改革开放加速了该学科走向世界的进程。该学科已成功地主办国际学术会议 4 次,先后有 12 人次前往美国、英国、俄罗斯、日本、菲律宾、新加坡等国进修、访学或攻读博士学位。教师应邀在国外讲学超过 50 场次,参加国际会议超过 100 人次,为该学科赢得了重要的国际声誉。1999 年,英国赫尔大学授予潘懋元教授荣誉博士学位,称赞他是一位"对中国教育作出了重要贡献的学者",英国副首相专门为此发来贺信。

该学科不仅在教学上对青年教师高标准、严要求,还鼓励、支持和组织教师积极参加社会实践,在不断提高教学质量的同时,使他们寻找到了多方面的科研课题来源,激发了他们从事科研的愿望,使他们申报科研课题的数量和质量有了明显提高。例如,1996 年以来,该学科人员承担省部级以上课题 40 余项,人均经费 9.2 万元。目前,在研的有国家社会科学基金课题、国家自然基金课题、国家软科学基金课题、教育部文科博士点基金课题、教育部资助优秀青年教师基金课题等。20 多年来,有 27 人次先后获得省、校级的教学成果奖、优秀博士生导师奖、教书育人奖,有的享受国务院、地方政府和学校的特殊津贴,有的被选入"教育部跨世纪人才培养计划"。

4. 培养与培训大批教师和干部,向学校和政府提供咨询和建议

面向教学改革实际,发挥学科独特优势,在为全国高等学校和国家教育部门培养与培训大批教师和干部,为全国大学的教学改革提供咨询和理论支持推动改革深入开展,向政府的宏观教育、教学改革决策提出意见和建议促进决策科学化等方面,起了独特的作用,对我国高等教育的改革与发展做出贡献。

20 年来,该学科致力于促进全国高等学校管理干部和教师的专业化,通过出版一系列培训教材,开设高等教育学专题讲座,支持和扶持高等教育实际工作者参与高等教育理论研究等形式,推动了一大批管理干部和教师的理论学习和研究,促进了他们教育、教学管理水平的提高和教学能力的提高。第一,该学科出版的 60 多部教材、专著,大多具有开创性意义,在培训管理干部和教师的过程中起了基础性的作用。如今,许多大学十分重视高等教育学新学科在培养管理干部和教师过程中的作用,在各种培训(如岗前培训)中,"高等教育学"被列为首要的必修课程,该学科出版的许多教材被作为指定教材。尤其是,已经发行 5 万多部的《高等教育学》,发行 1 万 5 千多部的《新编高等教育学》,是这些指定教材的优秀代表。第二,为国家教育部门和许多高等学校开设高等教育学专题讲座或作学术报告,推动了许多管理干部和教师尤其是高校领导对教育规律的研究和自觉运用。据统计,

20多年来,该学科在国内开设的高等教育学讲座或所作的学术报告近千场,听众达数万之多。原一机部教育局,原国家教委,教育部,国家教育行政学院,东北、华东、华中、西南、西北等地区高校管理干部培训中心,许多大学、教育学院,许多省、市教育厅(高教厅)举办"高校干部进修班""高等教育学理论研讨班""教学改革研讨班"等,都曾邀请该学科学术带头人前往报告或开设专题讲座。这些报告和讲座的录音被整理成册,公开出版,如《高等教育学讲座》《高等学校教育学及教育规律问题》《教学法专题报告》等均由国家有关部委,各地区高校干部培训中心或有关高校出版发行。由人民教育出版社出版的《高等教育学讲座》还先后出版了初版、增订本、续订本。该学科还多次在厦门大学举办旨在培训大学校长的"高等教育学高级理论研讨班"。目前,受教育部委托,该学科在厦门大学举办"大学教育思想研讨班",为推进全国大学教育思想与教学思想的转变和教学改革服务。其主要对象是各大学分管教学的副校长和教务处长。首期研讨班已于2000年10月20日结束,参加者为各部委所属51所高校分管教学的副校长和教务处长,共100多人。教育部领导、高教司领导亲临主持或讲话。这个研讨班还将定期举办。第三,支持和扶持全国同类学科点的建设与发展,鼓励和促进广大高等教育实际工作者参与高等教育研究。该学科多次发起和主持"全国高等教育学研究生培养工作研讨会""全国高教所(室)工作会议",交流学科建设与人才培养的经验,互相促进,共同发展。该学科还以鼓励、支持和帮助全国中青年高等教育工作者对高等教育的理论研究为己任。许多接受过指导、后来做出成就的人,都自称是该学科的"学生"。这种"没有著录的学生",遍及全国。

为国内许多大学提供教学改革的咨询,为教育、教学改革的深化提供理论支持。一些教授、副教授应邀到许多大学考察,担任其顾问;该学科经常接待来自国内许多高校的访问,交流教学建设与教学改革的理论与经验,提供咨询。目前,该学科承担了多项国家级或省部级有关教学改革问题的委托项目,如"21世纪的高等教育思想研究""21世纪高等学校教学过程的变革及其运行机制""高等学校教学思想研究""高等学校课程体系现代化研究""中国大学教学运作机制研究""中国高校课程管理理论与方法研究""大学生创新精神发展的基本特点与教学改革"等。为国家高等教育、教学改革宏观决策起咨询作用。曾承担原国家教委关于高等教育法的部分研究工作,承担"高等教育机构举办者、办学者、管理者的职责与关系"的研究与咨询。目前,受教育部委托,正着手起草《关于加强全国民办高校教学工作的建议》。潘懋元教授现任教育部"21世纪教学内容与课程体系改革项目"顾问组顾问、全国高等学校教学研究中心顾问、教育部教育发展研究中心顾问等;王伟廉教授担任中国高等教育学会常务理事、全国高等学校教学研究会教学研究部副主任;刘海峰教授担任教育部全国教育考试暨自学考试研究委员会委员;对国家教育、教学改革决策的科学化提供了重要的依据;等等。许多创新的理论与观点,在全国有广泛的影响。

(二)创新点

1. 在我国首创高等教育学学科,并不断发展提高,保持全国领先地位。1988年,她成为全国唯一的高等教育学国家重点学科点,1997年成为全国唯一的高等教育学国家"211工程"重点建设项目,2000年,成为全国唯一的高等教育学"普通高校人文社科重点研究基地"。

2. 开设了一批较高质量的新课程,探索出一套具有创新意义和实践效果的教学改革新思路、新机制、新办法;培养了一批高素质的专门人才,形成了我国高等教育学学科高层次人才的教学基地。

3. 对国家的教育、教学改革决策提供意见和建议,为我国高等教育宏观决策的科学化做出贡献;同时,为许多大学的教学改革与创新提供咨询服务和理论支持,对教学改革起了推动作用,形成了我国高等学校教学改革的主要咨询中心、服务中心之一。

4. 提出一系列基本理论、应用理论与方法,当时具有明显创新意义,如今大多已为高等教育理论工作者和实际工作者所接受。如教育的内、外部关系规律理论,高校课程编制理论与技术的整体构建,等等。

(三)应用情况

1. 为全国输送了一大批高等教育理论研究、教学与管理的高素质专门人才。大多数毕业研究生已成为我国高等教育学学科建设、人才培养与教育、教学改革实践中的骨干力量,推动了学科的发展和我国高等教育的改革与发展。

2. 在为全国高等学校和国家教育部门培养与培训教师和干部方面,在带动和促进全国高等学校教学建设和教学改革方面,在为政府和高等学校提供决策咨询和理论支持方面,发挥了独特的优势,做出了独特的贡献。从教学成果的意义上看,这一特点是其他学科无可比拟的,也说明了该学科自身的建设和人才培养具有更大的现实意义和更加深远的历史意义。该学科在教学改革决策咨询方面所积累的理论和经验也"具有普遍的示范意义和借鉴价值"。

3. 在课程与教学方式、方法改革方面,开设了一批较高质量的新课程,探索出一套具有创新意义和实践效果的新思路、新机制、新办法,已为许多同类学科点或其他学科所关注、推广和运用。例如,该学科首创的"学习—研究—教学实践三结合"的研究生课程教学方法已被许多高校所采用,取得了良好的实践效果。有的教师、学者由于推广该方法取得显著成效,专门著书、撰文介绍这一方法,如张宝昆的《英才教育法》;刘根正的《课内外一体、术业品并重——简析潘懋元先生的研究生教育实践特色》也从侧面评介了这一方法。有些地区把这一教学方法概括为"潘懋元教学法"加以介绍。

4. 以解决教学需要的教材问题为突破口,出版了一系列高等教育学学科教材;以教学实践为基础,进行教学理论与实践问题的研究,发表数百篇教学论文。它们源于教学,用于教学。许多教材,例如《高等教育学讲座》《高等教育学》《新编高等教育学》《高等学校教学原理与方法》《高等学校教学改革的理论研究》《大学生创造性的发展与教育》等,不仅在该学科的教学上发挥了重要作用,而且在全国许多高校都被广泛作为研究生的教材或教师、管理干部的培训教材,有的已得到国外同行的高度重视与评价,在高层次人才的培养上做出了贡献。其中,《高等教育学》、《新编高等教育学》的问世,不仅引起国内有关部门、专家的高度重视和评价,在国外也得到了很高的评价,具有国际水平。许多教材已重印、再版多次,至今仍有很大的需求量。这些教材的基本体系和基本框架已为我国目前高等教育学学科各种教科书所沿用,具有开创性意义和普遍推广、运用的价值。

最近,教育部致函厦门大学,称赞该学科学术带头人潘懋元教授"作为一位著名的教育理论家,教育理论研究硕果累累,为创建我国高等教育学学科,丰富和发展我国高等教育理论体系做出了重要贡献;作为一位杰出的教师,培养了大批高层次教育学人才,桃李满天下,为建设我国高等教育理论骨干教师队伍和研究队伍做出了重要贡献;作为一位优秀的教育活动家,对我国若干重要教育改革决策提出了许多宝贵的意见和建议,为我国高等教育宏观决策的科学化做出了重要贡献"。

1998 年,在厦门大学高等教育学学科创建 20 周年的时刻,教育部办公厅发来贺电,肯定该学科"在科学研究、培养高层次人才及为政府决策咨询等方面取得了显著成绩"。教育部副部长周远清发来贺信说:"(你们)充分利用和发挥高等学校的条件与优势,将科研与教学相结合,在不断取得科研成果的同时,培养了一批高层次高等教育理论人才,其中大多数已成为我国高等教育理研究与教学中的骨干。……(你们)在学科建设、人才培养以及为政府决策提供咨询等方面进行了积极探索和有益的尝试,积累了具有示范意义和借鉴价值的经验"。

三、主要完成人情况

(一)主要完成人情况——潘懋元

在中国倡建高等教育学新学科。主编中国第一部《高等教育学》(1984),获国家教委首届高等学校优秀教材一等奖(1988),该书奠立了中国高等教育学科基础,使高等教育学这一新学科得以列入国务院学位委员会的学科专业目录和《中国大百科全书·教育》的词条,确立其教育学二级学科的地位。

经过多年来的研究与教学,其后又应联合国开发总署和教科文组织"中国高等教育管理人员培训与研究"项目(UNDP CPR)的约请,主编《新编高等教育学》一书,作为培训大学干部与教师的教材(1996);同时,出版人文社科"七五"国家级重点课题成果《高等学校教学原理与方法》(1995)。以上各书及其他论文、专著,在学科建设上起了促进作用。80 年代以来,培养硕士生 15 届,博士生 10 届。目前继续担任博士生的"高等教育学专题研究"和"中国高等教育问题研究"两门学位课程,指导在学的博士生 11 名。所承担的全国教育科学"九五"规划国家级重点课题"多学科的高等教育研究"已完成,其成果交付上海教育出版社出版;2000 年新承担的教育部"21 世纪教学内容与课程体系研究"项目"21 世纪初高等教育思想研究"和全国高等学校教学研究中心的项目"21 世纪高等学校教学过程的变革及其运行机制"两个重点课题已经启动,正在进行中。

(二)主要完成人情况——王伟廉

获得博士学位后一直从事高等教育理论研究,开设高等教育学等研究生主干课程,主编有《高等教育学》(1995)专著,并被大型丛书《中国现代科学全书·高等教育学》(30 万字)聘为主编,为全国高等教育学研究会秘书长,在高等教育理论研究方面作出了一定贡献。1987 年开始专门从事高等教育学的核心领域——课程与教学理论研究,多年来,在专业设置理论、课程编制理论与技术、教学理论与教学方法、课程管理理论与方法等领域潜心探索,不仅为本单位的课程和教学改革,也为全国高等学校课程与教学建设的决策和改革实践提供了重要的理论指导(多次到全国各地讲授高等学校课程和教学理论,参与了不少高等学校的教学思想讨论和教学建设或改革方案的制订)。这些成果大大丰富了高等教育学的理论,促进了学科发展,居全国领先水平。近年来,在这一领域获得了国家和省部级多项奖励,其中有代表性的如《高等学校教学改革的理论研究》(第一作者)、《高等学校教学原理与方法》(第一合作者)等。这些成果也引起了国外境外同行的关注(成果中的两篇被美国《比较教育》多次引用并被 SSCI 收录)。近两年开始招收高等学校课程与教学理论方面的博士生,为推动全国的高等学校教学建设和教学改革输送高级专门人才。目前正在承担国家、部委关于课程与教学改革方面的重大课题 4 项。

(三)主要完成人情况——刘海峰

1.1987 年 3 月任分管教学科研的副所长以后,协同所长潘懋元教授于 1988 年申报评审通过"高等教育学"国家重点学科。

2.1996 年 6 月任所长以来,一直负责"211 工程"重点学科建设项目"高等教育学"的申请、论证工作,1997 年批准以来,作为项目负责人组织实施。

3.负责组织申报国家文科重点研究基地厦门大学高等教育研究中心,2000 年 9 月由教育部批准成立,任中心主任开展研究和教学。

4.1994 年任博导以来,协同潘懋元教授培养毕业博士生多名,承担博士生课程"中国高等教育史专题"多轮,独立招收的博士生也已毕业。长期担任研究生学位课程,培养了一批硕士。

5.发表了高等教育史学科建设系列论文,并出版大量有关高教研究的论著,组织召开全国高等教育史学术研讨会。

6.担任高教所副所长、所长,负责领导有关学科建设和研究生教学的其他工作。

(四)主要完成人情况——杨广云

1.担任副所长,分管教学与科研。

2.发表《试述潘懋元先生的学术思想体系》《高等教育学学说的基本理论》《大学教学论体系的构建》等多篇关于高等教育学学科建设的论文。

3.担任《潘懋元与中国高等教育科学》副主编。

4.编选《潘懋元论高等教育》。

5.主讲"高等教育学""大学教学法""公共俄语"等课程。

(五)主要完成人情况——林金辉

1.从该学科初创时期的 1983 年起至今,长期参与该学科的学科建设和教学建设,从事教学、科研与社会工作。

2.1986 年开始从事大学生创造性问题的研究,1995 年独立撰写出版该领域全国第一部专著《大学生创造性的发展与教育》(21 万字),该书于1999 年获教育部颁发的全国教育科学研究成果二等奖等奖励。十几年来,发表大量论文,出版专著(含合著)5 部,获团中央或省部级以上政府奖 5 项。这些成果对全国高等学校的教学改革与该学科的教学建设起了一定的推动作用。

3.长期独立开设"大学生心理学"等硕士学位课程,并开设"教育心理学""高等学校管理心理学""发展心理学"等课程,培养了一批硕士。目前独立招收高等教育学专业大学生心理学研究方向研究生 4 名。

4.多次应邀作关于大学生创新精神与实践能力培养等问题的学术报告,或应有关部门约请,为政府部门或高等学校提供教改方面的决策咨询报告,对一些高等学校的教学改革起了一定的促进作用。

5.目前,作为主要承担者之一,协助潘懋元主持的全国教育科学规划国家级重点课题"多学科的高等教育研究"的研究工作;2000 年独立承担全国高等学校教学研究会"21 世纪初中国高等教育人才培养体系研究计划"立项课题"大学生创新精神发展的基本特点与教学改革"。

四、主要完成单位情况

厦门大学高教所是本教学成果的完成单位。该单位建立以来,即以学科建设为主要任务,把学科建设落实到人才培养,以人才培养促进学科建设,并致力于为国内有关部门和高校培养教育、教学管理干部和教师,为许多大学的教学改革提供咨询和理论支持,为政府教育、教学改革决策提供意见和建议,促进其科学化。该单位为本教学成果提供了重要的物质条件、师资力量和学术依托,是我国高等教育学学科专门人才培养的重要基地以及高校教学改革的重要咨询服务中心之一。

厦门大学

2000 年 12 月 31 日

五、推荐、评审意见

厦门大学在全国首创高等教育学学科,不断发展提高,保持全国领先地位。出版的专著、教材,开设的课程以及教学方面的改革,都具有开创性的意义,积累的经验具有普遍的推广运用价值。其重要特色之一是为国家的教育、教学改革决策的科学化做出了重要贡献,对许多大学的教学改革起了有力推动作用。该学科在学科建设、人才培养与教学改革咨询方面迈出了重大的步伐,其教学成果达到国内领先水平,同意推荐参评国家级教学成果一等奖。

推荐意见　福建省教育厅

2000 年 12 月 31 日

（原文是 2001 年获评为中国优秀教学成果奖一等奖的报告原件）

国家级教学成果奖推荐书附件

国 家 级 教 学 成 果 奖 鉴 定 书

成 果 名 称	高等教育学学科建设人才培养与教学改革咨询
成果主要完成人	潘懋元、王伟廉、刘海峰、杨广云、林金辉
成果主要完成单位	厦门大学
组织鉴定部门名称	福建省教育厅
鉴定组织名称	2001年省申报国家级教学奖委员会
鉴 定 时 间	2000 年 11 月 17 日

鉴定意见：

    厦门大学高等教育科学研究所建所20多年来为我国高等教育学学科建设做出了重大贡献。其主要成绩如下：

    1、在潘懋元教授的领导下出版了我国第一本高等教育学，把高等教育的研究推到学科建设的高度，十多年来从高等教育的历史到现状，从高等教育宏观发展到高等教育的改革出版了多部专著，为我国高等教育学科建设奠定了基础。

    2、首批建立了高等教育学硕士、博士授权点，培养了大批人才，成为我国许多高校高等教育研究的骨干。

    3、承担多项国家科研项目，取得了丰硕的研究成果。

    以上各点说明其教学成果居国内领先。

鉴定组织负责人签字：顾明远

2000 年 11 月 17 日

055

056

国家级教学成果奖推荐书附件

国家级教学成果奖鉴定书

组织鉴定部门意见：

　　厦门大学在全国首创高等教育学学科，不断发展提高，保持全国领先地位；该学科出版一系列高质量教材，开设了一批高质量的新课程，教学改革取得明显成效，培养了一批高素质人才；对国家教学改革决策科学化做出了贡献，有力地推动了许多大学的教学改革；在学科建设、人才培养与教学改革咨询方面做出的成绩和积累的经验，是有开创性意义和普遍推广、运用的价值。其成果达到国内领先水平，同意推荐参评国家级教学成果一等奖。

盖章：（福建省教育厅）

填写人签字：郭峰云

2010 年 12 月 31 日

鉴定成员姓名	在鉴定组织中担任的职务	工作单位	现从事专业	专业技术职务	职务	签字
顾明远	组长	北京师范大学	教育学	教授、博导	院长	
鲁洁	成员	南京师范大学	教育学	教授、博导	所长	
徐辉	成员	浙江师范大学	教育学	教授、博导	校长	
陈玉琨	成员	华东师范大学	教育学	教授、博导	院长	
杨德广	成员	上海师范大学	教育学	教授、博导	校长	
龚放	成员	南京大学	教育学	教授	所长	
张应强	成员	华中科技大学	教育学	教授、副博导	副所长	
谢维和	成员	北京师范大学	教育学	教授、博导	校长	

士生的培养则是以科研为主，通过自主的科研活动，表明其具有

国家级教学成果奖推荐书附件

选才·培养·指引
——我对博士生培养的一些看法和做法

潘懋元

厦门大学高等教育科学研究所从 1981 年开始招收高等教育学科硕士生，1986 年成为我国第一个该学科的博士点。现有硕士生和研究生班学员各 10 名，博士生 4 名。硕士生已毕业了 5 届，在培养工作中积累了一些经验；博士生培养经验不多，尚不足以从中概括规律性的原则。这里只能谈谈一些不成熟的看法和试验性的做法。

"得天下英才而教育之"

对博士生的选拔，既不同于本科生，也不同于硕士生。因为中国目前博士生每年招生数只占高等学校招生数 0.5% 左右，因而祖国对他们的期望更大，选拔也就更要慎之又慎。一般来说，本科生的培养是以学习为主，通过课程学习和初步的科研训练，以培养某一专业的专门人才；硕士生的培养是课程学习与科研并重，通过自主学习和有指导的科研活动，使之具有从事科学研究或独立负担技术工作的能力，以培养某一学科的高层次专门人才；博士生的培养则是以科研为主，通过自主的科研活动，表明其具有独立从事科研的能力并能做出创造性的成果，以培养某一学科的学术带头人。并不是每个具有一般思想与业务水平的大学毕业生经过有限的几年努力就能达到这种要求的。因此，严格选拔人才，便显得格外重要。

关于博士生应当具有什么样的素质，已有许多博士生导师提出了他们对博士生的思想品格、理论基础、科研能力、外语水平的种种要求，我不想重复这些要求，只提出若干看法：①宽厚的理论基础和一定的业务知识是必要的，但更重要的是有深厚的思维能力、活跃的学术思想和敢于创新的科学精神。如果知识丰富而无自己的创见，看事物只停留在表面现象而不能深入其本质，分析问题一、二、三、四，罗列无遗而抓不住关键，就很难培养成博士之才。②要踏实苦干,实事求是,对繁荣社会主义祖国的科学事业有强烈的探求欲望和献身精神。如果只能夸夸其谈,急于自炫,则其所学必不牢靠,而将来的成就定然有限。③对本门学科已有一定的认识并有浓厚的兴趣,对本门学科的发展前途有信心,有理想,愿意终生为这一学科的发展做出贡献。如果只是把学习、科研作为猎取学位的手段,很可能碰到困难就动摇,尤其是高等教育是一门新学科,有许多难题有待探索,人们的看法也不一致,各种责难,时有所闻。如果认识不足,信心不定,很可能半途转行。而更为重要的是尽可能从多方面了解申请者的政治立场、思想品德、科学态度与科学道德。其中,最基本的是必须坚决拥护中国共产党的领导,愿意用自己的知识能力为社会主义祖国服务。

基于上述的认识,我对博士生的选拔,并不太重视考试成绩,更为重视的是在根本问题上的政治方向,以及理论与实践密切结合的论文、专著和学术报告。考试成绩当然是必须合格的,否则研究生院的电子计算机通不过。同时,从学科考试中,多少也可以看出学术水平与逻辑思维能力,当然不如看论文或专著那样全面地了解其思想倾向、政治态度以及理论基础、研究能力、科学态度与科学方法。考试成绩与论文、专著审查合格之后,我要求申请者作一次学术报告以代替复试。报告会邀请教师和研究生一起听讲、提问,然后参考大家的评论,做出最后的决定。

顺便说一下:博士生的选择,给予导师的自主权较多,导师才能做出综合的判断。至于硕士生的选拔,差不多只能根据考试成绩,尤其是外语分数。我的研究生是来自各种学科、专业的,历年来被录取最多的,除了教育系毕业生之外,就是外语系毕业生。我并不是认为外语不重要,而是觉得有些很好的苗子尤其是政治上比较成熟,又已有相当实践经验的在职申请者,往往由于外语成绩差一点只好割爱。其实录取之后,搞好外语补习班,集中强化训练,大多数是能够达到合格要求的。其次,我最不满意的是研究生专业课程的考题,也要像高考考题那样附标准答案,作为评分依据。如果考生的答案完全符合标准答案,充其量只能考出他们的记忆能力与求同思维,恰恰不能考察对他们来说最为重要的求异思维。为此,我把标准答案"擅自"改为"基本要求"。要求①思想政治观点正确;②基础知识基本正确但不要求罗列无遗;③有所发挥,虽不一定正确但能言之成理,持之有故。

提供条件,自学成才

对于博士生的培养,研究所和导师只能提供必要条件,成才靠自己。所谓必要条件,包括一个具有优良学术气氛的环境,必要的图书资料以及其他教师的某种帮助。

如何帮助博士生自学成才?

1. 关于课程学习

先从硕士生的课程学习说起:我往往把一门课程的全部或一部分,分配给他们自己备课、自己讲课、自己主持课堂讨论。导师的工作是介绍一些(不是全部)参考书,课前检查他们备课的情况,讲课后帮助他们总结。总结着重于观点上的把关和方法论上的指导。这样,研究生对于所分配到的课题,除阅读导师指定的参考书外,还要自己收集大量资料,进行研究,写出有一定质量的讲稿,并且获得讲课和主持课堂讨论的教学实践锻炼,把学习、研究和教学实践三者结合起来。研究生对这种方式比较满意,既系统地学习一门课程又能深入钻研某一课题。有的研究生对所讲课题,继续研究,写出论文;有的就以此作为学位论文的选题。

但是,对于博士生来说,这种课程学习方式就不够了。他们应该能开出一门有一定质量的课程。我尽可能让他们就其所长,承担一门课程的教学任务,先后把我开过的"高等教育发展史"和"比较高等教育"让给他们开。这比让他们听一门课或自学一门课,然后考一考或写篇学习报实告,效果要好。"教而后知困","知困然后能自强也"。为教而学,学习的广度与深度大不相同,既系统深入地学习一门课程,又可以从中考察他们的教学态度和教学能力。当然,有的课我也得讲。但只讲我的观点以及形成这些观点的过程,有争论的问题以及解决问题的思路,尚未解决的问题以及为什么难于解决,等等,也让他们写学习报告,写对教材的不同见解或修改、补充的意见。

2. 关于学术活动

在一定意义上,在博士生成长教育上学术活动比课程学习更为重要。为此,首先要创造一个有优良学术气氛的环境,让他们在这个环境中受到陶冶,激励竞争。除了每两周一次学术例会让他们作学术报告或参加学术讨论之外,还支持他们在校内开讲座,同校外学术团体联系,尽量让他们参加校外学术会议,但必须带一篇有一定质量的论文去参加。有时我还指定某一位博士生代表我去参加学术会议或同他们一起去参加,回来后要作传达报告。这对活跃学术思想,扩大学术视野,大有好处。只是近年来由于经费支绌,这些活动明显减少了。

加强博士生之间、博士生与硕士生之间的群体活动,也是至关重要的。每个博士生,各有其专攻的课题,在学术上往往只同导师"单线联系",不能很好地发挥集体作用。而这种集体的激励、互助或者叫作"碰撞",往往比导师的工作更为深入有效。曾经有一位硕士生,他的学位论文需要补充大量材料,才能进行充分的论证,文章也要做较大的修改,估计在时间上已经来不及了。我建议他或者延长学习时间半年,或者放弃学位只拿毕业证书。这对他无疑是一件苦恼的事。他的两位同届硕士生,放下了他们各自未完的论文工作,用了半个月的时间,帮助他收集资料,设计修改方案。经过多少个不眠之夜,他终于如期交上了一篇质量较好的学位论文,不但顺利地通过专家评审与答辩,而且论文的一部分发表之后,为《新华文摘》所转载。一次国家教委召开的有关学术会议,还特邀他出席参加。这件事对我的触动很大。为了促进群体之间的激励与互助,我采取了一些措施。如研究生的论文开题报告,邀请其他研究生一起参加。我指导某位研究生的论文时,也让其他研究生参加,发表意见。虽然参加者对论文内容所涉及的问题,事前不可能有充分的准备,但多少起到一些相互关心、切磋的作用。

3.关于论文工作

写出一篇高质量、有创见的学位论文,是博士生的中心工作。有人认为博士论文选题,最好是导师的研究方向或系列研究课题的组成部分。这是对的,但不应排斥博士生选择非导师研究方向的课题,研究导师未研究过的或无力研究的课题。更重要的是根据博士生原有的研究基础和知识结构来确定研究方向与课题。我的4名博士生,两名论文课题是教学论与课程论,同我的研究方向比较一致;一名论文课题是高等教育体制与管理,对此我所知不多;还有一名尚未确定,我希望他在教育社会学或文化学领域选题,因为他原来是研究哲学、社会学的,而这个领域我是外行。这样,导师是不是就不起作用了?我想不会。研究计划由他们自己制定,研究方法由他们选定,导师只从方法论上提供一些咨询,在具体内容上指导不多,干涉就可能较少,博士生的"自主权"也就较大,未必不是好事。当然,必要时还可以请校外专家帮助。

我认为,对于博士生,不仅要求其具有独立从事科学研究的能力,而且要使其成为未来的学术带头人。作为学术带头人,光有较高的学术水平和科研能力还不够,还要求其具有组织领导集体学术研究的能力。因此,不能满足于自己能够写出一篇高质量并有创造性成果的论文,还要让他做一些组织领导的工作。我的做法是,将一个科研项目,交给他们去主持,组织有关教师和研究生参加研究,培养他们搞集体科研的设计、管理、审查的能力。现在我的4名博士生中,已有3位承担有关部门委托科研项目的课题组组长或副组长的工作。

4. 关于思想修养

培养高层次的专门人才和学术带头人,不仅要求其具有学术水平、研究能力与组织领导能力,还必须具有较好的思想修养。博士生的思想教育应当围绕成才教育这一中心任务来进行。对他们思想修养的要求应有三个层次:第一个层次就是国务院学位委员会《关于做好博士研究生学位授予工作通知》中所规定的政治标准。第二个层次是任何科学家都必须具有的事业心、责任感和科学态度、科学道德,在今天应该特别重视这一层次的修养。一个缺乏事业心的人,是难以担当科学事业的开拓重任的;一个责任感不强、敷衍草率的人,是难以树立带头人应有的威信的;一个科学态度不严肃、治学不严谨的人,是难以攀登科学高峰的。第三个层次是对本门学科的发展的理想、信心、意志与热情,这些是作为本门学科有成就的专家和学术带头人必要的非智力因素。尤其是对一门正在发展中,尚不受社会普遍理解与重视的新兴学科,从事这种学科研究的科学家更要有明确的理想、坚定的信心、坚强的意志与高度的热情。

成才教育,不能离开一定的时代特点与社会背景。二三十岁的研究生,一般来说,他们的世界观、价值观、人生观已经基本定型。但是,随着改革、开放的进展,在西方思想大量传入和商品经济浪潮的冲击下,他们往往仍处于动荡、矛盾、不平衡的心理状态中。一方面,他们很重视作为高层次专门人才的社会价值,有强烈的社会责任感与参与意识;另一方面,自我价值、自我实现的意识强烈,甚至发展为"自我中心"。由此,他们往往处于无产阶级的文化道德观念与西方思想、社会价值与自我价值、理想目标与客观现实、献身科学事业与就业、待遇、婚恋、家庭种种生活问题的矛盾之间。如何解决这些矛盾,取得心理平衡?我认为研究生已有一定的自我心理调节能力,不必过多地干预他们的内心生活，但是导师也还必须经常注意在尊重他们的判断与选择的前提下，同他们坦诚地交换意见，适当点拨、引导，鼓励他们辩证地对待传统观念与西方思想，在追求社会价值中实现自我价值，把理想目标立足于客观现实之上，在献身科学事业中正确处理生活问题，对于重大的政治立场问题，尤其要注意正确指导。

"闻道有先后"

不论是硕士生或博士生入学，我的第一次报告，总要提韩愈的《师说》："弟子不必不如师，师不必贤于弟子，闻道有先后，术业有专攻，如是而已。"事实也是如此：①高等教育学是一门新学科，并无多少成熟的理论可学。②近年来，不论中国或外国，有关高等教育问题的理论、专著，车载斗量；分支学科、交叉学科、邻近学科的研究成果就更多。导师读新书的时间有限，所接触的新知识、新信息不多，而研究生的时间集中，精力旺盛，新知识、新消息比导师丰富。③研究生思维敏捷，比导师可能更容易发现新问题，提出新见解。

"师不必贤于弟子"，但"闻道有先后"，师之先于生者。首先，在术业专攻上，导师尝过一些甜头，也尝过一些苦头，积累了一些成功的经验与失败的教训，可能在治学方法上能够给研究生包括博士生某些有益的劝告、点拨、引导；其次，高等教育学是一门应用型学科，导师的教育实践和教育管理实践比研究生多，在理论联系实践上，能够提供有益的指导；最后，在人生的道路上，导师所经历风风雨雨较多，为人处世的经验也较多。我认为"师不必贤于弟子"，但"闻道有先后"，导师是能起指导作用的。

对于社会科学来说，导师对博士生的指导，专业的具体帮助不是最重要的，重要的是方向上的指引、方法上的点拨以及人格上的影响。例如，当前不少研究生重"洋"轻"土"，崇拜西方教育成就与西方教育理论，而不重视中国教育的发展与中国教育理论的成就，如果由导师做几次报告，未必能起作用。为什么产生这种思想？可能由于对社会现状持批判态度的心理倾向，也可能由于观察社会现象时，对西方用的是"望远镜"，对中国用的是"显微镜"。为使他们对中西方教育有一个比较公正的评价，只能引导他们深入了解历史和现状，让他们自己得出结论。西方发达国家的教育实际与理论，的确有许多值得我们学习的东西，但远不是完美的。中国教育的确有许多问题，非改革不可，但也不是一无是处的。更重要的是要立足国情，即使西方某些先进的东西，也不是照搬就能生效的。忧思可以使人发愤，自卑却使人丧志。"临渊羡鱼，不如退而结网"。正因为中国教育问题很多，更需要青年一代投身于教育改革事业中。

对于博士生的学术观点与学术见解，只要言之成理，持之有故，不一定要强求与导师一致，以免压抑他们的创新精神。但是，对于社会科学研究中容易产生的一些偏向，如照搬洋教条、理论脱离中国实际、忽视应用科学理论的可行性、思维逻辑不严密等，就要从方法论上加以指点、引导。即使是某些显然错误的观点，也不要简单地划禁区、扣帽子。凡错误的观点，总有它的理论错误或逻辑错误之处，最好从方法论上找出它的错误所在，引导他们自己去重新审查自己的结论，自己去修正自己的结论。有一位博士生在一次报告中，提出了一个显然有错误的观点，不少听者赞扬他的观点"有新意"，也有的研究生感到不对头。"有新意"的赞扬使他感到满意，感到不对头的又说不出所以然。如果导师只是告诫或谴责他不该持此观点，可能起禁锢作用而难以使之心服。为此我把他的报告稿索来仔细研究，发现这篇报告不论论据或论证都有逻辑错误，为了慎重，我还查对了原著，然后向他指出。他承认了逻辑上的错误，从而重新审查他所得的结论。

导师的指导，不一定在课堂上或论文指导中进行，更多的是在平时师生交谈中起潜移默化作用。为此，我同研究生建立了一种家庭访谈制。周末晚上，是我接待研究生的时间，自由参加，从天下大事到个人生活，从学术争论到工作方法，清茶一杯，无所不谈。一般没有预定的谈话中心，发表意见没有什么拘束。这样，谈出了许多真实思想，也密切了师生感情。研究生对此很感兴趣，感到从中颇有得益；其实，导师也可以从中得到许多有价值的知识。

困惑与苦恼

在研究生的培养工作上，存在许多令人困惑与苦恼的问题。有些是指导中的问题，有些是条件上的问题。择要谈谈。

（1）高等教育学是应用性学科，研究工作，要面向实际问题；研究方法，要用调查、观察、实验、总结等多种方法以掌握第一手材料，不能光从书本到书本。但许多研究生宁愿根据书本知识、书面资料，坐而论道，不愿多花时间到实际中去。当然，受时间、经费等条件限制，但这不是主要的。更为重要的是如何扭转理论脱离实际的学风。我虽采取了一些措施，如组织他们利用"短学期"搞调查，改教学实践为教学管理实践，但收效不大。

（2）经费支出。这是当前研究生教育中的严重问题。每个博士生每年国家所拨的经费是 6000 元，数年一贯，与物价脱节。这 6000 元中，学校扣去 80%，研究生院扣去 6%，给研究所是 14%，只剩 840 元。博士生参加学术会议，收集资料，印刷讲义、论文，购置专用书籍，聘请校外专家，论文评审与答辩所需经费，包干使用。如果说，前几年还可勉强应付，现在则"巧妇难为无米之炊"。更有甚者，由于学校入不敷出，还从中扣去 39%，只剩 510 元，只好"一切从简"了。

（3）有些规定不合理。关于招生办法不利于选拔人才，上面已有所述。近来又有新规定，学习年限一刀切，毕业班超过 7 月份不发助学金。世界各国研究生培养，虽有基本年限的规定，似无如此严格；中国的实际情况，也很难一刀切完成任务。这显然是违反研究生这一层次的教育规律的。教育规律屈从于财政规定，质量如何保证？其次，规定博士生必须学习第二外语。如果原来并无第二外语的基础，很难在有限修业期间，使一门外语达到阅读专业书刊的能力。因为 30 岁左右的博士生，他们的外语学习能力并不比中学生强，而中学生是很难在 6 年中就学好一门外语达到阅读书刊的能力的。还有许多貌似严格、实为束缚导师与博士生手脚的框框条条，就不一一罗列了。我呼吁：多给导师一点自主权，多留一点博士生成才的余地，多些支持，少点限制，让导师能按教育规律培养人才。

（原载《研究生教育理论与实践》1989 年第 3 期）

高等教育考试研究

科举学的创立

考试研究中心

　　科举学是厦门大学教育研究院原创性的专学,在人文社科界独树一帜,在海内外都有一定的影响。

　　科举制不仅对中国古代文化教育、官僚政治和社会历史进程产生过重大而深远的影响,而且对东亚诸国科举和西方文官考试制度产生过广泛的影响。科举学是以中国和其他东亚国家历史上存在的科举考试制度及其运作的历史为研究对象的一个专门研究领域,或者说是类似于《红楼梦》学、敦煌学、甲骨学的一门专学。科举学于 1992 年由厦门大学刘海峰教授首创,并逐渐为学术界广泛认可。

一、首倡"科举学"研究

　　因为中国语言文字的特殊性,历史上中国人就有称"学"的习惯,往往将较重要的、研究得较多的对象称之为学,如研究《文选》有选学、研究《红楼梦》有红学、研究朱熹有朱子学,还有策学、汉学、宋学、闽学、关学之类。但"学"字并不是一个可以随便乱贴的标签。任何一门专学,都应是义立而后名至。如果某一研究对象内涵不够丰富,并不具备成"学"的条件,而研究者却硬是将其加上"学"字,那么这种"学"也是不成体系且难以为继的。

　　科举学的研究对象虽然十分专门独特,但研究空间却非常广阔,它是与中国一千多年间大部分知名人物、大部分书籍和几乎所有地区有关的一门学问。科举学不是关于中国传统文化局部,而是关于中国传统文化整体的学问,是一个多学科的研究领域,一个逐渐形成和正在发展壮大的专学,或者说是一个成长中的新兴学科。

"古老的过去,短暂的历史"常被用作描述新事物、新学科的套语。用这句话来描述科举学,可以这么说:科举学有非常古老的过去,但现代科举学的历史却相当短暂。"科举学"是一门古老而年轻的学问。说其古老,是因为"科举学"或"科举之学"的用法出现很早,科举时代有千百万读书人曾热衷备考科举的学问,且自从科举制产生一段时间以后便有人开始进行科举制度及科举史研究,其研究历史长达千余年;说其年轻,是指以往并未有意识地将科举作为一个专门领域来研究,至 1992 年刘海峰教授在《厦门大学学报》第 4 期发表《"科举学"刍议》一文,正式提出将"科举学"作为一门专学,或者说作为一个专门领域来研究之后,才更注意以整体的观点,以新的理论、新的方法、新的视角、新的高度对科举进行科学的研究,赋予了"科举学"一词新的内涵和新的意义。

一个学科、一门专学从萌芽到成熟,一般要经历"资料搜集""制度描述""理论形成"三个阶段。科举是一种制度,因而科举研究首先是制度研究,有大量的论文研究科举制度通史或断代科举制度。但科举又是一种考试活动,是中国古代人文活动的首要内容,因而在继续进行制度考释的同时,越来越多的人注意研究科举制的实施及其影响方面,进行问题研究和理论研究,使科举研究逐渐走向系统化和理论化。多学科的研究尤其是非历史学界学者的研究多属于问题研究。在科举研究蔚为风气的大背景中,刘海峰教授提出了"科举学"的概念,将科举作为的一个专门研究领域来看待,并提出了科举学的主要内容和专学的基本框架。指出一门关于历史制度的学科的形成,除要求其研究对象具有重要性、广博性、独特性和现实性以外,还须具备相当时间的研究历史、相当数量的研究成果和相当规模的研究队伍。科举考试不仅地位重要、内容广博、形式独特,可为现实各类考试改革提供参考借鉴,而且科举研究历史悠久、研究成果丰硕、研究人员众多,已经具备了形成学科的内在可能和外在条件。科举学的研究内容主要有:考试的起源,科举制的产生、发展、衰亡的历史与规律,贡院的规制与管理,科举考试的科目、内容、形式、方法,科举作弊手段与防弊措施,科场案,科举的教育学研究,科举的政治学研究,科举的文化学研究,科举的社会学研究,从中外文化交流史角度研究科举的东传与西渐,科举制的千秋功罪与经验教训,等等。科举学研究范围的时间跨度为公元 605 年至 1905 年,还可延伸上至广义的科举的起始年代西汉,①甚至上溯西周的考选,下至民国时借鉴科举实行的文官高普考;空间范围由科举影响广泛本身所决定,包括东亚和欧美国家。②

　　从理论上提出建立科举学,并非为了标新立异或赶潮流,目的在于将科举研究纳入一个新的学科体系,使科举研究走向理论化和系统化,使原来各学科的独立研究更加全面、更为深化,使国际上的科举研究进一步组织和拓展,并为现实考试改革提供历史借鉴。在《厦门大学学报》1994 年第 1 期,刘海峰教授又发表《科举学发凡》一文,指出"科举学"与科举研究是两个基本相同而又略有区别的概念,凡是对科举本身及直接与科举相关的问题所做的研究,都属于"科举学";略有区别在于,进一步阐释了提出科举学的概念,更强调将科举作为一个专门研究领域进行全面的、综合的研究,强调科举研究的理论化、系统化,同时还关注科举研究史的研究、注重探寻考试发展规律。科举学不是关于一时一地或一人一书的学问,而是与中国一千多年间大部分知名人物、大部分书籍和几乎所有地区有关的一门学问,不是关于中国传统文化局部,而是关于中国传统文化整体的学问。指出研究科举的意义是重大而又多方面的:可以加深、提高和丰富我们对中国社会历史和民族传统文化的认识;有助于中国古代和近代史、教育史、政治史、文学史、社会史、中外关系史的学科建设;可以扩大中国文化的影响,提高中华民族自信心;可以为现实各类考试改革提供历史借鉴。

　　此后,刘海峰教授又发表了科举学研究系列论文,还有不少学者也探讨了科举学的意义和价值。在《厦门大学学报》(哲社版)1999 年第 4 期,刘海峰教授组织发表的"科举学"笔谈一组论文,包括刘海峰《"科举学":一个广阔而专门的研究领域》、杨学为《中国需要"科举学"》、廖平胜《"科举学"研究与教育价值取向的制导》、易中天《科举、禅宗与中国文化思想史的分期》、韩

---

　　① 科举一词有广义狭义之分。广义的科举指分科举人,起始于西汉;狭义的科举指进士科举,起始于隋代。见刘海峰《唐代教育与选举制度综论》(台湾文津出版社 1991 年 7 月出版)第 104 页注①。

　　② 刘海峰."科举学"刍议[J].厦门大学学报,1992(4);刘海峰.科举学发凡[J].厦门大学学报,1994(1).

昇《科举制与唐代社会阶层的变迁》、吴在庆《科举制度对唐代文学的影响》等 6 篇，引起较大的反响。中国人民大学复印报刊资料《新兴学科》2000 年第 1 期上一举转载了《厦门大学学报》1999 年第 4 期发表的 6 篇科举学笔谈论文和刘海峰教授的另一篇科举学论文，使科举学为学术界更多学者所关注。教育部考试中心主任杨学为研究员《中国需要"科举学"》一文指出："刘海峰同志首倡'科举学'，是很有远见的创举。我十分拥护，并当尽全力支持。创立'科举学'有重要的现实意义。正确揭示科举的规律，必然有助于正确认识中国的国情、传统，有助于正确评价考试（主要是社会化的考试）的作用，有助于考试的改革及考试作用的完善。创立'科举学'，正确评价科举的作用，必然有助于弘扬中华民族的优秀传统，有助于进行爱国主义教育。创立'科举学'，还有重大的学术价值。全世界都在研究科举，它的故乡不应落后。"①

从 2000 年以后，在刘海峰教授的组织下，《厦门大学学报》哲学社会科学版每年都有一至二期会设立"科举学研究"专栏，陆续发表高水平科举学论文。张亚群教授《科举学的文化视角》指出："科举学是历史学与教育学、政治学、文学、社会学、地理学、民俗学等等学科相互渗透、高度综合的一门专学。既然是研究同一个制度，借鉴各学科的观点和方法、从分散走向综合是科举研究的必然发展趋势。多学科的研究不仅为科举学的创立奠定了必要的基础，而且有助于丰富科举学的内涵。从文化学的角度，考察和分析科举考试与民族传统文化演进的互动关系，是科举学研究的重要组成部分。它使我们对科举制的起源、性质、演化规律、地位和影响形成更为完整、深入的认识，有利于打破不同研究者的学科壁垒，促进科举研究的学科整合。"②

由于科举文献汗牛充栋、科举人物难以胜数，具有很强的挑战性，以往的研究又存在以偏概全或误解之处，因此科举学具有巨大的研究空间，是一门精深引人的专学。以刘海峰为首的团队为主，学术界陆续发表了许多科举学研究论文，至今专门探讨"科举学"的专文已有 60 余篇。而 2005 年华

070

---

① 杨学为.中国需要"科举学"[J].厦门大学学报,1999(4).
② 张亚群.科举学的文化视角[J].厦门大学学报,2002(6).

中师范大学出版社出版刘海峰著《科举学导论》,则标志着科举学的形成。①

二、出版科举学系列论著

一门学科或专学的形成,除了有专门的研究对象和大量的专门术语以外,还要有大量的研究成果,要有代表性人物和代表性著作。在海内外出版大量科举研究论著的同时,2005 年,华中师范大学出版社出版刘海峰著《科举学导论》一书,便是科举学的代表性著作。

《科举学导论》是第一部科举学专著,作者撰写该书前后历时近 14 年,属于"十年磨一剑"之作。全书分为科举学引论、科举学综论、科举学史论、科举起源论、科举时代论、科举存废论、科举人物论、科举政治论、科举教育论、科举文学论、科举社会论、科举文化论、科场法规论、科举地理论、科举术语论、科举文献论、科举东渐论、科举西传论等 18 章,共 49 万字。作者认为,现代科举学是在科举研究历史悠久、研究对象重要、研究人员众多、研究成果丰硕的情况下逐渐形成的一门专学,是实至而名归,是在学显之后蔚然成学的。它的出现并非任意的生造,而是自然而然、顺理成章的,也是势在必行的。该书将古、今、中、外,文、史、政、教等各方面的科举研究熔于一炉,为集大成之作。本书系统地论述了科举学的涵义、范畴和内容,力图提纲挈领地论述科举学的方方面面,重在科举学学理的阐发和学术史的梳理,进行学说的锤炼和理论的锻造,并为科举学构建出一个基本的理论框架和发展平台。全书体系严整,规模宏大,既有宏观的论述,也有细节的考证,并提出了一系列的新的见解。书后还附有《新印科举古籍目录》、《科举学著作目录》和《科举研究学位论文目录》,尤为珍贵的是几乎包括了日韩越和西方文字出版的所有科举研究著作目录,对科举研究颇有参考价值。

该书出版后广受好评,中国社会科学院历史研究所研究员李世愉在《中华读书报》2005 年 10 月 19 日发表《沉浸醲郁,含英咀华——简评刘海峰著〈科举学导论〉》的书评,指出:"《导论》是一部准确阐述科举学定义,全面、系统论述科举学范畴、宗旨、研究内容的开山之作";"如果说,笔者在此之前尚

---

① 杨学为《对科举的再认识——读刘海峰著〈科举学导论〉》(《中国教育报》2005 年 12 月 14 日)认为,该书的出版"标志着科举学的正式确立"。

在观望的话,那么,读完《导论》之后,已是举双手赞成,并愿意加入到科举学的研究行列。"美国纽约城市大学李弘祺教授在美国出版的英文权威刊物《中国国际评论》上发表书评认为:《科举学导论》"无疑是近年来中国出版的此类著作中最好的一部","是综合研究和阐述中国科举制度的历史、实际、意义和影响的最全面的一部中文著作"。中央教育科学研究所学术委员会主任程方平研究员认为,《科举学导论》"是深孚众望的一部学术力作"。①教育部考试研究中心原主任杨学为研究员说:"自 1992 年刘海峰教授在全国第四届教育考试科研讨论会上作《'科举学'刍议》的报告以来,我不断追踪学习他研究科举的诸多论文,就一直盼望着他能有一部'科举学'的专著问世。2005 年 8 月,他的力作《科举学导论》终于在华中师范大学出版社出版,我认真研读,认识到它标志着'科举学'的正式确立。""《科举学导论》的问世,必将成为一面旗帜,引导科举学的研究更加全面、深入。②台湾"中央研究院"院士、台湾清华大学萧启庆教授评论《科举学导论》说:"此书为一开创性巨著,有此一书,科举成'学'必矣!"③

《科举学导论》的出版标志着科举学的确立,由于该书及其他科举研究论著在全国产生了重要的影响,作者与季羡林、金庸、刘心武等 12 位知名人士一起被新浪网评选入围"2005 年度文化人物"。《科举学导论》于 2007 年获福建省第七届优秀社会科学成果奖一等奖,并在 2009 年获第五届高等学校人文社会科学优秀成果奖一等奖,这是第五届高等学校人文社会科学优秀成果奖中厦门大学唯一获得一等奖的成果。获得中国人文社会科学最高层次的奖项,在相当程度上说明科举学已得到了学术界的认可。

2005 年与《科举学导论》一同在华中师范大学出版社出版的还有张亚群著《科举革废与近代中国高等教育的转型》,2007 获福建省第七届社会科学优秀成果奖三等奖;李兵著《书院与科举关系研究》,2008 年获湖南省第九届社会科学优秀成果三等奖。此后,"科举学研究丛书"在华中师范大学

---

① 程方平.创说立学 鉴古知今——评刘海峰的学术力作《科举学导论》[J].中国考试,2006(4).

② 杨学为.对科举的再认识——读刘海峰教授《科举学导论》[N].中国教育报,2005-12-14.

③ 陈兴德.有此一书,科举成学矣[N].厦门晚报,2006-04-09.

出版社接续出版,至今已出版了 15 部著作,其中 2007 年出版的郑若玲著《科举、高考与社会之关系研究》,也于 2009 年获福建省第八届社会科学优秀成果二等奖。

除了在华中师范大学出版社出版"科举学研究丛书"以外,厦门大学教育研究院科举学研究团队还在其他出版社出版了许多科举研究著作,其中代表作之一是辽宁教育出版社 2010 年出版的刘海峰著《中国科举文化》。该书是作者 20 多年科举专题研究集大成的成果,是由 44 篇论文为专题研究基础构成的一部学术著作,共 48 万字,分为五个部分。第一部分是"科举制百年祭",是围绕科举百年祭所发出的声音,其中主要内容是为科举制平反、还原历史真相。第二部分为"科举制的兴起",主要是隋唐科举制兴起阶段的研究,对科举制的起源、唐代科举考试科目、学校与科举的关系等作了探讨。第三部分"科举教育的得失",对科举教育的利弊得失、科举与书院教育的关系、科举的自学考试性质、智力测验性质、学位考试性质等作了专题研究。第四部分为"科举文化的影响",探讨科举对中国文化的影响和科举习俗的现代遗存,研究科举制的东渐与西传,分析东亚科举文化圈的形成和科举西传说的来龙去脉。第五部分为"科举学的形成",从各个不同侧面探讨科举学的含义、旨趣、范畴和前景,力求发掘出科举学的文化底蕴,从中可以大体看出科举学的缘起和意义。该书所收论文,曾被《新华文摘》重点转摘 1 篇、《中国社会科学》(英文版)采用 1 篇,《中国社会科学文摘》转摘 3 篇、《高等学校文科学术文摘》转摘 3 篇、人大复印资料转载 12 篇、英文版 *Frontiers of Education in China*,*Frontiers of History in China* 采用 2 篇。多数论文都提出了自己的见解,并有不少创新。该书于 2013 年获第五届高等学校科学研究优秀成果奖(人文社会科学)一等奖。

华中师范大学出版社 2003 年出版的刘海峰、田建荣、张亚群、郑若玲著《中国考试发展史》一书,根据中国古代、近代、现代考试发展史的实际,以"条块结合"的方式来安排篇章结构。上篇古代考试部分,以时间顺序来铺陈叙述各个朝代考试的兴亡,探讨了中国考试的起源嬗变、历代科举考试的兴衰革废、学校考试的发展演变。中篇近代考试部分,按清末、民国时期和考试类别来分别概述考试历史的演进,论述了清末近代学堂考试的引进、民国时期学校考试的改进、近代留学考试的演变、民国文官考试的构建。下篇现代考试部分,则依考试的种类来分门别类论述考试的发展,对新中国成立后招生考试、学业考试、高教自学考试、国家公务员录用考试、各类资格考试和水平考试等发展历程作了叙述评价。该书于 2003 年获福建省第五届社会科学优秀成果奖一等奖,2006 年获第三届全国教育科学优秀成果奖一等奖。

2004 年在东方出版中心出版的刘海峰、李兵著《中国科举史》,是一部全面系统地阐述中国科举制度的产生、发展、演变历史的专著,荟萃了作者二十多年研究科举史之心得。作者认为:科举制的实质是用考试的办法来进行公平竞争,尽管它有许多局限和弊端,但总比没有标准的恶性竞争好得多。理论上说考试不一定是最好的选才方式,但实际上却找不到更好的方式,而考试的办法至少可以防止最坏的情况出现。因此最低限度我们可以说科举是一项不坏的制度。"科举"是一个含义非常丰富的词语,远非以往的"恶谥"那么简单,我们不应将其看成一个贬义词,而应该把"科举"当作一个中性词来看待。科举制是一个影响重大的政治、文化和教育制度,是中华民族的一笔厚重而宝贵的文化遗产,我们对之不应采取虚无主义的态度,而应重视发掘利用,为中国的现代化建设寻找制度资源和文化资源。科举制是具有世界影响的中华文明产物。作为科举发源地的中国,在科举制废止100 年后的 2005 年,是将科举文化全面清理研究,还是将其作为批判的靶子继续敲打,的确值得我们未雨绸缪,认真思考。该书出版一年半便已再版,2006 年再版后又第二次印刷,并于 2011 年获第四届全国教育科学优秀成果奖一等奖。

除了出版著作以外,刘海峰教授及其指导的博士生,还发表了一系列的科举学论文,主要有:田建荣《科举学:理论、体系与方法》,《广西大学学报》2000 年第 2 期;郑若玲《科举学:考试历史的现实观照》,《厦门大学学报》2000 年第 4 期;王岚《科举学的教育研究价值》,《教育世界》2001 年第 1 期;刘清华《"科举学"与"考试学"》,《湖北招生考试》2002 年 4 月号下半月;杨李娜《科举学:一门探讨考试发展规律的专学》,《现代大学教育》2002 年第 3 期;张亚群《科举学的文化视角》,《厦门大学学报》2002 年第 6 期;李均《从专学到学科:"科举学"的应然求索》,《中国地质大学学报》2003 年第 3 期;覃红霞《走向开放的科举学研究——科举学学科与专学之争辨析》,《厦门大学学报》2004 年第 3 期;覃红霞《科举学研究:在学科与专学之间》,《中国地质大学学报》2004 年 3 期;唐滢《美国的科举学》,《厦门大学学报》2004 年第

3 期;张亚群《科举文化:"科举学"研究的重要领域》,《集美大学学报》(教育科学版)2005 年 1 期;李兵《科举学与书院学》《集美大学学报》(教育科学版)2005 年 1 期;殷小平《科举学的人文视角》,《东南学术》2005 年 4 期;李立峰《科举学的文化地理视角》,《东南学术》2005 年 4 期;李兵《"科举学":"书院学"研究的重要基础》,《华南师范大学学报》2005 年第 6 期;罗立祝《从考试科目与内容看"科举学"的广博性》,《中国地质大学学报》2005 年 5 期;殷小平《求真:科举学的科学品格》,《中国地质大学学报》2006 年 5 期;刘清华《科举学:考试选才理论的系统化》,《科举制的终结与科举学的兴起》,华中师范大学出版社,2006 年 10 月;吴光辉《日本的科举研究——"科举学"的外部视角》,《科举制的终结与科举学的兴起》,华中师范大学出版社,2006 年 10 月;陈兴德《民国科举学述评》,《科举制的终结与科举学的兴起》,华中师范大学出版社,2006 年 10 月;张耀萍《科举学的政治视角》,《科举百年祭》,湖北人民出版社,2006 年 10 月;张亚群《科举学研究的当代价值》,《厦门大学学报》2008 年第 5 期;陈兴德《科举观:科举学研究的新视角》,《厦门大学学报》2009 年第 6 期;刘一彬《游走于科举与高考之间:一种超越的科举整体观》,《教育与考试》2009 年第 6 期;刘希伟《文化自觉与科举学研究》,《社会科学战线》2010 年第 1 期。

这些科举学论文不仅阐释自己的观点,有些还有学术交锋,如关于科举学的性质是一门学科还是一门学问便有争论。田建荣《科举学:理论、体系与方法》一文,从研究对象、概念术语、已有研究成果及社会需要等方面论述了科举学得以成立的原因,并根据科举学综合性的学科特点,展示了科举学的学科体系,最后还就科举学研究的多学科方法论进行了探讨。"科举学是一门研究科举发展历史,进而揭示考试发展规律的学科。也就是说,'科举学'不仅是而且应该是一门独立的学科。"[①]李均在《从专学到学科:"科举学"的应然求索》一文中认为,科举学从一般性研究到最终成为相对独立学科将经历四个阶段:第一阶段是科举学的"萌芽阶段",即科举时代对科举制度的研究;第二阶段是科举学的"雏形阶段",时间从科举废止到 1992 年提出建立"科举学";随后便进入第三阶段,即"专学阶段",目前的科举研究仍

---

① 田建荣.科举学:理论、体系与方法[J].广西大学学报,2000(2).

然处在专学的阶段,但并不意味着科举学发展的终止;21世纪的科举学还将继续发展,并最终进入科举学的第四阶段,即"学科阶段"。科举学完成从专学到相对独立的学科的过渡,除进行体系的建构之外,还要争取早日出版第一部科举学专著,科举学界可以考虑把第一部科举学专著问世之日作为科举学正式建立的时间。此外,有条件的大学还应将科举学正式课程引入大学课堂。① 李均还认为,科举学与一般专学相比不仅具有更明显的学科特点,而且具有更强烈的现实性、更大的研究空间、更丰富的资源、更具持续发展的活力,"无论从科举学的演进历程和发展需要来看,还是从科举学本身的特点来看,21世纪的科举学都应该成为一门相对独立的学科"。科举学只有成为一门相对独立学科,才能获得繁荣发展,真正成为21世纪"一门烁然可观的显学"。②

对李均的观点,覃红霞进行了专门的商榷。她在《走向开放的科举学研究——科举学学科与专学之争辨析》一文中认为:国外除了传统保留下来的古老学科以外,新兴的研究大都承认是一个研究领域,而不追求学科中心研究范式,更不要求它必须发展成一门学科。"科举学是一门专学而非学科。学科与专学或研究领域之间的差异,只代表知识发展中的不同方向,并没有研究层次上的高低之别。作为专学的科举学必须摆脱狭隘的学科研究范式,向各个学科开放,确立跨学科、多学科的研究范式与思维方式,将各类研究统合到一个新的研究体系中,使科举学出现突破和飞跃。"③在《科举学研究:在学科与专学之间》一文中,覃红霞又发表了类似的观点,她认为:"事实上,科举学的研究对象的特殊性、演进发展的历程以及社会对科举学的需求、科举学研究与社会职业的对应等关系决定了科举学是一门专学。"④

郑若玲结合现代考试改革问题研究科举学的现实意义,指出中国古代科举制度在考试领域留下了深刻的印痕,对当今考试的影响波及文化、制度与技术各个层面。现代高考、自学考试、公务员考试,或在考试性质、考试功

---

① 2005年春季,厦门大学教育研究院已首次开设"科举学引论"的研究生课程。

② 李均. 从专学到学科:"科举学"的应然求索[J]. 中国地质大学学报,2003(3).

③ 覃红霞. 走向开放的科举学研究——科举学学科与专学之争辨析[J]. 厦门大学学报,2004(3).

④ 覃红霞. 科举学研究:在学科与专学之间[J]. 中国地质大学学报,2004(3).

能方面,或在考试产生的社会影响方面,与古代科举有着继承或借鉴关系。对现代考试制度与古代科举在历史与现实的层面进行对照,有助于我们探寻考试发展的内在规律,并为今天的考试改革提供历史借鉴。"科举学"研究因此具有强烈的现实性。① 该文发表后被《新华文摘》2001 年第 2 期全文转摘,产生了广泛的影响。

身为刘海峰教授指导的博士生,冯用军出版了科举学的系列论著,如论述科举学分支学科的有:冯用军《论科举文化学的学科基础》,《教育与考试》2008 年第 2 期;冯用军《科举社会学论略——以科举考试控制社会流动功能为例》,《招生考试研究》2008 年第 2 辑;冯用军《科举法学视野下的中国考试立法初探——基于科举和高考立法的分析》,《湖北招生考试》2008 年第 12 辑;冯用军《科举法学论稿——基于科举立法到中国考试立法的分析》,《科举学的形成与发展》,华中师范大学出版社,2009 年;冯用军《科举政治学发凡——以国家大规模考试控制社会一致性为例》,《招生考试研究》2009 年第 2 辑,上海教育出版社,2009 年。而 2010 年云南人民出版社出版的冯用军《多学科视野的科举学研究:大规模考试视角》一书,是学术界第二本以"科举学"为名的专著,力图使科举学从领域研究转向学科建设。该书从多学科视野来探析科举的方方面面,从宏大的视角来剖析科举的功过是非,从而为当代国家级大规模考试如高考、国考、汉考、托考、雅考等破解"改革瓶颈"和"发展困境"提供了新思维。

鲁迅在《呐喊》中说过:"地上本没有路,走的人多了,也便成了路。"按其句式表达,我们也可以这么说:"世上本无所谓学,研究的人多了,便成了学。"科举学便是在众多研究人员和研究成果的形势下蔚然成学的。

厦门大学教育研究院的科举学研究产生了一系列具有高显示度的标志性成果,获部省级奖 15 次,其中一等奖 7 次,包括高等学校科学研究优秀成果奖(人文社会科学)一等奖 2 次、全国教育学科优秀成果奖一等奖 2 次、福建省社会科学优秀成果一等奖 3 次,成为厦门大学文科获得高层次奖项最多的一个专门研究领域。

---

① 郑若玲.科举学:考试历史的现实观照[J].厦门大学学报,2000(4).

三、推动科举学的发展

在创立科举学的过程中，为了推动科举学的形成和发展，厦门大学教育研究院以刘海峰教授为首的团队，还开展了以下三方面的工作：一是开设科举学导论课程，二是组织召开"科举制与科举学"系列国际学术研讨会，三是编辑出版科举学专门学刊和专栏论文。

从 2005 年开始，刘海峰教授于每个学年的春季学期在厦门大学教育研究院开设"科举学导论"课程，这一主要面向研究生的课程在国内高校中属于首创，对促进科举学学科成熟有积极意义。该门课程主要涉及"为科举正名""科举教育""科举政治""科举文学""科举社会""科举文化""科举文献""科举制的国际影响"等十几个专题，通过生动活泼的教学形式充分展示具有 1300 年历史的科举制度对中国政治、经济、文化、教育等方面的深远影响及其对世界文明的积极贡献。科举学是研究中国及东亚国家历史上的科举考试制度及其运作的历史学科，对科举制度进行深入研究，将为当代考试改革提供历史借鉴。

具有长久生命力的事物一经出现，便有持续发展的可能，科举学系列研讨会便是如此。2005 年 9 月 2 日，在中国科举制废止 100 周年那一天，由刘海峰教授发起的"科举制与科举学国际学术研讨会"在厦门大学召开。此后研讨会每年至少举办一届，吸引相关学科众多学者参加，至今已成功举办 15 届，由高水平大学、研究机构或高层文博单位主办，它具有跨学科、跨国（境）性、高层次、社会关注度高、影响面广等特征，已成为多学科学者开阔视野、交流信息、切磋问题、展示成果的重要学术平台。

跨学科研究是科举学的一大特征。许多学者从历史学、教育学、政治学、哲学、文学的角度研究科举，虽然他们分布于不同的学科，但都在研究同一对象，使用共同的专业术语，有着共同的学术语言，因而逐渐形成一个学术共同体。参加该系列研讨会的代表来自不同的学科。尽管有共同的研究兴趣和话题，若没有科举学会议的话，有许多人可能永远都不会见面。科举学力图打通历史学、教育学、文学、社会学、政治学等各学科的边界，将各方面的科举研究融会贯通起来。一旦跨越学科的畛域，融通不同的学群，使科举研究不仅由点到线，而且由线到面，将相对分割的"条"与"块"结合起来，便会出现整体大于局部之和的效果。虽然众多研究科举的学者分布于不同的学科，但他们在研究同一对象，使用共同的专业术语，有着共同的学术语言，因而逐渐形成一个学术共同体。

科举和考试招生改革问题在中国历来受到高度关注，作为国内少有的考试研究研讨会，"科举制与科举学"系列国际学术研讨会贯彻古为今用的原则，将历史考察与现实改革相结合，对深入研究中国教育史、认识和传播中国文化、繁荣社会科学，为现实考试制度改革提供历史借鉴，具有重要的意义。厦门大学考试研究中心为以往多届该系列研讨会的联合主办方。2015 年 9 月是中国废科举 110 周年，又一次在厦门大学召开"第十三届科举制与科举学国际学术研讨会"，由厦门大学教育研究院、厦门大学考试研究中心主办。该系列国际学术研讨会具有持续性，每届参会代表有 80～150 人，其中国外代表每届 5～12 人不等，每届会议之后，皆有多家报刊作报道和综述，特别是在中国社会科学院历史研究所主办的《中国史研究动态》刊载会议综述。该系列研讨会论文集，已在华中师范大学出版社出版了《科举制的终结与科举学的兴起》《科举学的形成与发展》《科举学的拓展与深化》《科举学的提升与推进》《科举学的历史价值与现实意义》《科举学的系统化与国际化》等 6 部，产生了广泛的学术影响，是一个在国内外具有广泛影响的系列学术研讨会。

科举学是一门国际性的学问，科举研究也日益走向国际化。除中国以外，古代东亚世界还有日本实行过近两百年的科举制，并有韩国、越南两个相对独立的科举考试系统在长期运行。19 世纪以后，英、法、美等西方国家借鉴科举建立了文官考试制度，进而对世界各国产生直接间接的影响。关于科举的多种西方文字的记载和韩国、越南历史上的科举文献，十分丰富，因此，中国、日本、韩国、越南和美国等西方国家都有许多学者在研究科举。由于问题重要，且研究对象、研究文献、研究人员和研究成果具有国际性，决定了科举学将会逐渐国际化。"第五届科举制与科举学国际学术研讨会"在日本北海道大学举办，便是科举学走向国际化的体现。不同国家、不同学科的学者在一起切磋琢磨共同关心的科举问题，一定能够取得丰硕的成果。而第七届科举制与科举学国际学术研讨会在台湾清华大学举办，也是少有的大陆系列学术研讨会在台湾举办的例子。

该系列研讨会还充分体现"高大上"的特点，以第十三届科举学研讨会大会为例:称其为"高",是因为与会代表层次高、水平高,高朋满座、高手如林;称其为"大",研讨会开幕式于故宫博物院,闭幕于国子监和孔庙举行,气势恢宏、大气磅礴;称其为"上",是因为学术论文属精品、专家报告上档次。故宫中的太和殿、保和殿是明清时期举行科举最高层级的殿试的场所,国子监和孔庙是殿试发榜后举行礼仪和立进士题名碑的所在,在这两个特殊的地方举行科举学会议的开幕式和闭幕式,具有特别的意义。开幕式后,代表们还在故宫博物院故宫学研究所所长章宏伟等专家的带领下参观了故宫太和殿、保和殿等,闭幕式后在孔庙和国子监博物馆馆长吴志友等专家的带领下参观了国子监和孔庙、进士题名碑。①

现在中国每年召开的学术会议不可胜数,有的关于传统文化方面的研讨会往往有"三老"现象,即"老面孔、老问题、老观点",每年参加会议的代表基本上是同一拨人,年复一年研究的问题也大体相同,而且由于史料局限,也很难提出新观点。但"科举制与科举学"的系列研讨会却不存在类似的"三老"问题。自从 2005 年首届科举制与科举学国际学术研讨会以来,各届研讨会规模一般都在 80~150 人之间,每届大概都有三分之一左右的代表是"新人"——新参加会议的学人。科举学是一个既有广度,又有深度的学问,是一门疆域辽阔的专门学问。与科举研究相关的学者成千上万,发表过专门科举论文的人也有好几千。科举学内容广博,还有许多未开垦的领域,还有大量从未被利用过的资料,加上有些对科举的偏见需要纠正,因此提交会议的论文有相当部分是探讨很新的问题,新观点层出不穷也就顺理成章。

科举制与科举学系列国际学术研讨会在学术界产生了广泛的影响。例如有的学者在回顾 2005 年的科举制与科举学国际学术研讨会时指出:"引人注目的是,作为 20 世纪 90 年代兴起的一门崭新而独立的研究领域,'科举学'成为本次国际学术研讨会聚焦的一大亮点。所谓'科举学',其宗旨即在于促进科举研究的学科整合及理论化、系统化,探究科举考试的发展规律,为现实考试改革提供有益借鉴。此一理念,不仅具有强烈的历史意识,而且也具有强烈的现实使命感,无疑将有力地促进科举研究的系统化

---

① 刘盾. 我院师生出席"第十三届科举制与科举学国际学术研讨会"[EB/OL]. (2016-06-01)[2018-04-20]. http://ksyj. xmu. edu. cn/html/xsyj/yjcg/kjxyj/3141. html.

推进。"①

此外,厦门大学考试研究中心还与上海中国科举博物馆一同编辑《科举学论丛》。该学刊从 2007 年开始每年出版 2 辑以上,已经出版 25 辑。另与福建省教育考试院一同编辑出版《教育与考试》双月刊并负责组编"科举学丛谈"专栏,推动全国的科举学研究。同时,刘海峰教授担任中华炎黄文化研究会科举文化专业委员会主席团主席,张亚群教授担任常务理事兼副秘书长,郑若玲教授担任理事,在科举学的学术组织方面推动科举学研究。

在厦门大学科举学研究团队的首倡和推动下,海内外的科举学研究方兴未艾。有的学者认为,在当代中国兴起了一股"科举学热",出现了当代"科举学热"的现象,回顾中国科举制度发展演变的历史,透视当代"科举学热"背后的价值取向,有利于我们进一步从本质上认识和把握当代中国教育考试的内在特质与规律,从而在此基础上真正建立起科学的、合目的的教育考试制度与方法。"今天的科举学热已不再是对中国古代科举制度的一种简单的肯定与推崇,而是意在寻求对科举制度给予一种公允、客观的评价,并在此基础上探索科举制度对于我国现代教育考试及人才选拔制度的影响。"②

台湾政治大学的黄人杰教授认为,科举研究在学术上不再以"制度"建构为满足,而期待以建立"科举学"为理想目的。中国传统学者早已窥知"科举制"之价值与影响,因而提倡"科举学"之议论,开启了学术研究的风气。③台湾"中央研究院"院士萧启庆先生指出:"今日科举研究却蔚然成为一门显学。最近更有学者提议建立'科举学',使科举成为一门多学科的综合研究。这一提议得到颇为广泛的正面反响。未来的科举研究显然将会更为蓬勃。"④

到了新世纪,"'科举学'这一概念已被越来越多的人所了解和认可"⑤。

---

① 林存阳,杨朝亮.2005 年清史研究综述[J].中国史研究动态,2006(6)

② 袁小鹏.透视当代"科举学热"——兼论教育考试的价值冲突与调适[J].湖北招生考试,2006(4).

③ 黄人杰.科举学建构的哲学基础及其内涵[J].湖北招生考试,2007(16).

④ 萧启庆.赓续钱大昕的未竟之业:谈元代进士录的重构[M]//科举学论丛:2009 年第 1 辑,北京:线装书局,2009.

⑤ 郭培贵.二十世纪以来明代科举研究述评[J].中国文化研究,2007(3).

2005 年，中国社会科学院历史研究所研究员李世愉指出："数年前，有学者提出'科举学'概念，很快引起了学术界的关注。……可以预见，若干年后，'科举学'将成为一门新的学科，并成为 21 世纪的显学。"①

高等教育学界的眭依凡教授也认为："科举学这一新的学科领域获得了国内学术界的公认。"②正如有的学者所说的："历经十多年的孕育、萌芽、破土、成长，今天她已经成为学术界一道伟岸的风景。'科举学'已经被绝大多数学者所认同、接纳和欢迎，日渐成为当今时代的一门显学。"③越来越多的学者认识到："科举学作为研究中国历史文化的独特视角，已经屹立于中国学术之林，并必将成为 21 世纪的显学。"④

总之，科举学是一门融汇古今、贯通中外的学问，又是具有强烈现实性的学问，既有重要的学术价值，又有明显的现实意义，因此 21 世纪的科举学会像一块"学术磁铁"一样吸引越来越多学者的注意力，具有远大的发展前程。20 世纪 90 年代以后，在中国传统学术领域很少能新建立学术界公认的专学，科举学是少有的一个，厦门大学教育研究院无疑具有开创之功。

---

① 李世愉. 新修《清史》与科举制[J]. 史苑，2005(2).

② 眭依凡. 厦门大学教育研究院成立三十周年有感[J]. 高等教育研究，2008(4).

③ 陈长文. 明代科举文献研究[M]. 济南：山东大学出版社，2008：1.

④ 袁利平，张希亮. 20 世纪 80 年代以来明清科举制度研究概述[J]. 河北科技师范学院学报：社会科学版，2006(4).

高考改革的系统研究

刘海峰

  高考制度是国家基本教育制度,是人才培养的枢纽环节,关系到国家发展大计,关系到每一个家庭的切身利益,关系到亿万青少年学生的前途命运。高考改革事关教育全局,已成为重大的民生议题,受到社会大众和国家领导人的高度关注。每年的高考季,高考都是社会关注度最高的热点问题。高考制度的利弊都相当大,其变革具有相当大的难度。要使高考制度变革这一复杂而系统的工程科学、合理、有序地推进,理论研究须先行。

  厦门大学教育研究院以刘海峰教授领衔的团队,在高考改革研究方面,从参与高考改革的顶层设计,到高考制度沿革、理论体系、实践探索进行系统研究。通过政治学、社会学、政策学、教育学、考试学、历史学、文化学等多学科视角,同时结合"科举学"的丰硕成果,对高考改革的理论与实践展开全方位考察,产生系列原创性研究成果,在全国处于领先水平。作为中国高考研究的重镇,厦门大学教育研究院一直将高考改革作为重点研究方向之一,承担了一系列重大的课题,发表了一系列研究论文和专著,研究成果为全国和部分省市的高考改革提供重要的理论支持。

一、承担高考改革研究系列课题

  由于高考涉及学生、家长、教师、中学、大学等多方利益,并与教育制度以及现实的政治、经济、法治、科技、文化、教育水平等因素密切相关,因而其

改革难度大、影响深、波及面广,是一项复杂的牵一发而动全身的系统工程。2012 年 7 月,在北京成立了国家教育考试指导委员会,研究制定考试改革方案,指导考试改革试点。需要专门成立一个国家级决策咨询机构,来指导高考改革实践,说明考试招生改革意义非常重大,也非常重要。2013 年 11 月,十八届三中全会通过《中共中央关于全面深化改革若干重大问题的决定》,其中教育方面最主要的就是考试招生改革的内容。

多年来,厦门大学考试研究团队潜心从事高考重大理论与政策研究,关注高考改革频仍与历经反复的内在原因,揭示其改革的发展规律,提出高考改革的政策建议,对提升高考研究水平,促进高考改革沿着正确方向发展,具有重要的学术价值和明显的现实意义。该团队持续进行高考改革的系列课题研究,陆续主持教育部人文社会科学重大课题攻关项目"高校招生考试制度的理论与实践研究"、国家社会科学基金重点课题"高校招生制度改革研究"、教育部文科重点研究基地重大项目课题"高考制度改革研究"等在内的 50 余项考试研究课题。

2003 年 9 月,厦门大学与教育部高校学生司签订《关于合作开展高校招生考试制度研究的合作协议》,联合开展高校招生考试制度研究。2003 年 12 月,以刘海峰教授为首席专家的首批教育部人文社会科学重大课题攻关项目"高校招生考试制度的理论与实践研究"正式获得立项。该项目由厦门大学与教育部学生司共同主持,组织包括教育部考试中心和部分省市考试院等单位的全国与招生考试相关的理论与实践工作者联合攻关,是一项理论与实践相结合、具有重要影响的科研成果。项目组开展了大量卓有成效的研究,基于教育与社会的视角,运用文献分析、历史考察、大规模社会调查、国际与地区比较、统计分析、改革实验等方法,通过理论上梳理、分析和评价我国高校招生考试制度发展的脉络、存在的问题,以及各种改革方案的成败得失,并借鉴外国尤其是发达国家和东亚主要国家或地区高校招生考试改革的经验,在结语部分高屋建瓴提出了高考改革的思路、目标、原则,并提出了三个可供选择的具体改革方案,以及高考改革的若干政策建议,为我国高考制度的改革、完善与发展,发挥了重要的理论与智力支持作用。《光明日报》2007 年 4 月 18 日以整版的篇幅报道了这一攻关项目的研究成果。2008 年 3 月 6 日,在北京召开了结题讨论会,教育部高校学生司、教育部考试中心、北京教育考试院、天津市教育招生考试院的领导和项目组主要成员参加了结题讨论会。2008 年 4 月 19 日,教育部社会科学司在北京组织召开了该项目的鉴定会,顺利通过鉴定。项目组成员出版了中国第一套"高考改革研究丛书",并发表了大量论文,并为高校招生考试改革提供直接的参考意见。

刘海峰教授主持的国家社会科学基金"十二五"规划 2011 年度教育学重点课题"高校招生制度改革研究",从政治、社会、制度、文化、考试、教育、法律等视角着手,以现行高校招生制度为研究对象,以促进高校招生制度与基础教育、高等教育更好地互促互进为目标,通过文献分析、广泛调研、国际与地区比较、统计分析、改革实验等方法,从理论上廓清我国高校招生制度的发展与存在的问题,以及各种改革方案的利弊得失,借鉴世界发达国家及地区的优点,构建符合社会发展和国际发展趋势的高校招生制度改革方案。指出"高考改革需要理性认识、稳步推进","高考改革应把握全局观",即正确地处理理想与现实、公平与效率之间的矛盾;还提出了一些关于高考的核心观点,如"文化国情决定高考模式","高考仍是社会下层实现向上流动的主要渠道",今天的高考制度始于 1952 年,是我国的一个重要创造,"全国统一命题无法化解异地高考的困境";此外,还提出了一些具体的高考改革举措,如"必须建立以统考为主的多元招生考试制度","维护高考秩序必须加强立法","减少统考科目,不分文理科"需要在试点改革的基础上逐步推广,应渐进地调整高校录取的区域配额,等等。"高校招生制度改革研究"课题组出版了标署课题名称的 3 部专著(其中一部在国家一级出版社出版),在 CSSCI 刊物上发表了标署课题名称的 18 篇论文。2016 年 3 月,该课题以优秀等级顺利通过结题鉴定。这是该批次 98 项参加全国教育科学规划课题成果鉴定的成果中唯一获得优秀等级的项目。鉴定专家组认为,该课题概念界定清晰,采用的研究方法科学合理,研究报告符合学术规范,结论有独到见解,研究成果产生了较大影响,有助于为我国高校招生制度改革,特别是高考制度改革提供借鉴,具有重要的学术价值和现实意义。

张亚群教授主持的 2012 年度教育部人文社会科学重点研究基地重大项"中国近代私立大学招生考试研究",以专题研究的方式,对中国近代私立大学的招生考试问题作系统的历史考察和深入的理论分析,通过挖掘相关史料,探索招生考试特征,总结招生考试经验,不仅拓宽了中国近现代高校招生考试的研究范围,填补近代私立大学招生考试研究的空白,也深化了对私立大学办学活动的研究,丰富中国近代大学校史研究的内涵。该研究揭示近代私立大学的招生机制及其在人才培养环节中的基础作用,总结私立大学选拔人才的有效方式方法,为当今民办高校拓展生源,提高办学质量,提供重要的启示。

张亚群教授主持教育部基础教育二司委托课题"残疾人考试招生政策改革的理论与实践研究",2014 年 10 月—2015 年 10 月,研究报告为教育部基础教育二司采纳。2014 年,张亚群教授作为专家顾问参与制订《残疾人参加普通高等学校招生全国统一考试管理规定(暂行)》,2016 年参与该文件的修订工作。该项文件的实施,为残疾人考生提供了平等机会和合理便利。

郑若玲教授主持的教育部人文社会科学重点研究基地重大项目"世界一流大学多样化招生政策研究"(2013—2106),系统研究了欧美和亚洲主要国家大学多样化招生问题,重点研究其中一流大学的招考政策及其改革。作为国内首次分国别、较系统研究世界一流大学多样化招生政策及其对国内高校考试招生制度改革启示与借鉴的成果,本研究具有较强的学术创新性与实践参考价值。本课题取得了较丰富的成果,发表课题署名公开刊物论文 32 篇,以及博士、硕士学位论文各 1 篇,其中 CSSCI 刊物论文 18 篇,被《新华文摘》论点摘编 2 篇。

厦门大学考试研究团队进行了系列的、持续的高考课题研究,产出了大量的高水平研究成果。

二、发表高考改革系列论文

厦门大学考试研究团队与国内一些侧重研究考试技术的同行相比较,其特色在于史论结合,重点关注高考改革的理论与实践,尤其注重高考制度与政策创新研究。在研究论文方面,发表了一系列的高水平研究论文,其中被《新华文摘》重点转摘的论文 12 篇,人大复印资料转载 40 余篇。

《教育研究》2005 年第 3 期发表了刘海峰《高考改革何去何从》,张亚群《高校自主招生不等于自行考试》,郑若玲《高考改革必须凸显公平》等一组笔谈文章,发表后被《新华文摘》2005 年第 17 期全文转摘,并被人大复印资料《高等教育》2005 年 7 期转载，产生了广泛的影响。刘海峰《高考改革何去何从》《高考改革中的全局观》两篇论文，于 2011 年 11 月分别被评为《教育研究》创刊 30 周年优秀论文。

刘海峰发表在《教育发展研究》2006 年第 21 期的《高考改革的统独之争》一文，对要不要坚持统一高考的问题，即关于统一考试与单独考试之争作了辨析，认为高考制度的评价，应该在相对比较全面研究和深入思考的基础上来进行。对中国教育和社会而言，高考制度是利大于弊。统一考试已成为许多国家或地区大学入学的重要环节，是招考制度发展到较高阶段的产物，是适应国情的主要招考办法或基本形式。兼顾统一性和多样性是高考改革的发展方向。比较理想的招考方式是既有统一考试成绩，又有各校单考成绩的复合式两次考试录取模式。该文发表后被《新华文摘》2007 年第 5 期重点转摘，人大复印资料《中小学教育》2007 年 1 期转载。

《高考改革的回顾与展望》为刘海峰为纪念高考制度恢复 30 周年而作，发表在《教育研究》2007 年第 11 期。该文认为，恢复高考意义重大，其影响远远大于创立高考的影响。1977 年的高考不仅仅是恢复，还有突破，恢复高考既是对原有制度的回归，更是拨乱反正后的新生。高考改革要符合中国国情和社会发展阶段、顺应主流民意，才会得到民众的拥护，具有长远的生命力。高考改革的终极目标，并不是改成各高校单独招考，也不见得是以美国高校招考模式为依归，而是探索建立适合中国国情的有自身特色的招考制度。该文被《新华文摘》2008 年第 4 期重点转摘，人大复印资料《中小学教育》2008 年 2 期转载。

刘海峰《高考改革：公平为首还是效率优先》一文在《高等教育研究》2011 年第 5 期作为封面首篇论文发表。该文认为，高考中的公平是指基于考试成绩的公平，即"在分数面前人人平等"；效率是指综合各方面因素，不拘一格地选拔优秀人才。公平选拔才是社会大众对高考最为关注的一个方面，也是高考制度的基本功能和精神之所在，公平竞争是高考制度的灵魂和根本。"多元录取"要注意保证录取的公平和公正，避免金钱和权力对招生录取的干扰。目前高考的主体部分也还是首重公平，而将来高考改革的发展趋势，则是走向公平与效率的兼顾与平衡。该文被《新华文摘》2011 年第 18 期重点转摘、人大复印资料《高等教育》2011 年第 9 期转载，并于 2016 年获福建省第十一届社会科学优秀成果二等奖。

张亚群《高校统一招生考试制度 40 年发展趋势解析》一文,发表于《陕西师范大学学报》(哲学社会科学版)2017 年第 4 期,《新华文摘》2017 年第 22 期重点转载。论文指出,1977 年恢复高考制度,是我国高等教育发展的重大历史转折。40 年来,适应社会经济和教育发展需要,高考制度改革呈现五大发展趋势:录取率攀升,招考重心上移;招考类型增多,从选拔性考试向适应性考试转变;命题方式由分省命题回归全国统一命题;招生标准从单一考试走向多元评价;改革自主招生模式,探索人才选拔的新路径。高考制度的历史变革表明,统一考试作为高考制度的主要特征,在公平、高效选拔人才方面发挥了不可替代的作用,但也面临多元评价、阶层平等、区域公平等新的挑战。

郑若玲《高考改革的困境与突破》,载《厦门大学学报》2017 年第 3 期。指出统一高考恢复迄今 40 年,高考改革在科学性与多样化方面取得了明显成就,实现了跨越式发展。由于高考背负了许多本不该承担的社会责任,改革常常陷入困境。本文分析了高考改革的困境主要体现在社会功能凌驾于教育功能之上、高校招生自主权未能得到充分尊重两方面。指出需在两方面加大改革力度、实现重点突破:一是减轻高考社会责任,回归高考教育功能;二是遵循高等教育发展规律,践行高校招生自主权。本文对高考改革分析深入、切中肯綮,具有较重要的理论意义与现实参考价值,发表后不久即分别被《新华文摘》2017 年第 17 期、《中小学教育》(人大复印资料)2017 年第 12 期全文转载。

郑若玲《自主招生改革何去何从》,载《华中师范大学学报》(人文社科版)2010 年第 4 期。通过对我国高校自主招生十年改革进行梳理与分析,认为高校自主招生的"实然"状态与"应然"状态之间有相当大的出入和差距。自主招生下一步的改革在思路上要与高考改革目标保持一致,在操作上应兼顾全面发展的优秀生与才能突出的特长生,尤其应向后者倾斜。本文的主要学术贡献与理论创新即在于将自主招生改革的"实然"与"应然"进行学理性分析,并以美英等国高校自主招生制度为观照,有针对性地提出我国自主招生改革的政策建议,为矫正逐渐偏离正确轨道的自主招生改革实践提供了理论参考。论文发表后被《新华文摘》2010 年第 22 期全文转载,并于 2015 年 10 月获《华中师范大学学报》60 周年刊庆庄凌学术奖。

此外,厦门大学考试研究团队还发表了多篇高考研究的英文论文。如刘海峰《高考改革的思路、原则与政策建议》一文,在美国刊物 *Chinese Education and Society* 2013 年第 1 期刊出。覃红霞 *Study on the Relationships Between Higher Education Institute and Students Pertaining to the Higher Education Recruitment Process* 也在 *Chinese Education and Society* 2013 年第 1 期刊出。

厦门大学考试研究中心还与福建省教育考试院联合主办学术刊物《教育与考试》双月刊,由刘海峰教授、张亚群教授、郑若玲教授、覃红霞副教授、陈兴德副教授负责各个专栏的组稿与审稿工作。还有多位教师指导了近80 篇有关考试研究的博士和硕士学位论文,其中刘海峰教授指导的刘希伟的《中国历史上的"高考移民":清代科举冒籍研究》2013 年获评为全国百篇优秀博士学位论文。

三、出版高考改革研究系列丛书

对于高考这么一项影响重大、万众瞩目的重要制度,过去总体而言是"三多三少",即新闻报道多、理论研究相对较少,一般议论多、深入分析相对较少,零星探讨多、系统研究相对较少。厦门大学教育研究院的师生,是全国对高考研究最系统、出版著作最多的一个群体。

在恢复高考 30 周年的 2007 年,刘海峰主编的"高考改革研究丛书"就在华中师范大学出版社出版了 6 本著作,次年又出版了 4 本,此后陆续增加到 16 本。在以往出版 16 本专著的基础上,2015 年,该丛书又获得国家出版基金资助,不仅将原来的 16 本著作加以修订,并新增 6 本,总共 22 本专著,于 2016 年 12 月出版(实际上于 2017 年 4 月面世)。具体各书为:刘海峰《高考改革的理论与历史》、徐萍《高考制度伦理研究》、罗立祝《高校招生考试政策研究》、覃红霞《高校招生考试法治研究》、李木洲《高考改革的历史反思》、张耀萍《高考形式与内容改革研究》、刘清华《高考与教育教学的关系研究》、李立峰《我国高校招生考试中的区域公平问题研究》、刘额尔敦吐《中国高校少数民族招生考试政策研究》、周剑清《中国语文高考史研究》、李雄鹰《高考评价研究》、吴根洲《高考效度研究》、樊本富《中国高校自主招生研究》、虞宁宁《中国近代教会大学招生考试研究》、唐滢《美国高校招生考试制度研究》、王立科《英国高校招生考试制度研究》、卜翠《法国高校招生考试制度研究》、王婧《俄罗斯高校招生考试制度研究》、李欣《加拿大高校招生考试制度研究》、蔡培瑜《澳大利亚高校招生考试制度研究》、胡永红《日本高校招生考试制度研究》、杨李娜《台湾地区大学入学考试制度研究》，共 22 本，约 768 万字，形成一个成规模、成体系、成气候的书系。

　　这套"高考改革研究丛书"基本上由刘海峰教授的著作和其历年指导通过答辩的高考研究博士论文、博士后研究报告为基础构成。为了使博士论文的写作不至于陷入空谈，要求博士生多了解高考实际。多年来，以高考为选题的博士生一般都要到部分省市教育招生考试院等考试机构实习，真正深入到招生考试第一线，多与考试管理工作者接触交流，才不会书生气，所写论文才能脚踏实地。凡是研究国别高校招生考试制度的博士，都通晓所在国的语言文字，并尽可能到研究对象国去搜集资料和实地调研，多位博士都在研究对象国留学多年或访问研究一年以上时间。该丛书是中国第一套高考改革研究丛书，全面系统地展现了中外高校招生考试制度的最新研究成果，对高考改革从理论、政策、法治、内容、形式，到招生考试的区域公平、少数民族招生考试政策、效度和评价等方面进行了深入的研究，同时对美国、英国、俄罗斯、加拿大、澳大利亚、日本和台湾地区的高校招生考试制度进行专题探讨。"高考改革研究丛书"是高考改革基础性、系统性的重大研究成果，从理论到实践、从宏观到微观、从国内到域外，对高考制度及其改革予以全面而深入的研究。该丛书的出版，为推进高考改革提供了重要的理论支撑，对高考改革的顶层设计、对高考改革的顺利推行，都具有重大的意义。

　　2017 年 5 月 16 日，"高考改革研究丛书"出版暨纪念高考恢复四十周年座谈会在华中师范大学科学会堂召开，著名历史学家、教育家、华中师范大学原校长章开沅说：《中国近代教会大学招生考试制度》一书"内容丰富，积累深厚，功底扎实，从社会学的方法研究教会大学的招生考试制度，所以有一定的深度。我很有兴趣阅读，这本书写得很好。这套书在今年推出具有不同寻常的意义。……作为一套大型丛书的出版，主编很重要，刘海峰教授带领了一个团队，十几年研究，酸甜苦辣都尝过。这是一件大事，我很高兴就来了。做研究不要光追求一些热闹的题目，不要只看上面的指标和项目，要做一些基础性的研究。……刘海峰教授长期坚持不容易。要么不做，做就做到最好。"①

2017 年 12 月,刘海峰教授主编的另一套"高考制度变革与实践研究丛书"在浙江教育出版社出版。该丛书包括刘海峰《高考制度变革综论》《郑若玲等国外高校招考制度研究》、刘清华《高考改革热点与难点问题研究》、吕慈仙《异地高考政策与随迁子女社会融入》、谷振宇《高考录取制度改革研究》、刘希伟《浙江与上海高考试点改革研究》、周序《高考改革形势下的基础教育变革研究》、覃红霞《高考法律问题研究》,共 8 本。这套丛书以高考制度改革为话题,梳理新中国成立后高考制度变革理论问题、横向比较世界各国高考、本轮高考热点难点、试点省市高考经验研究等,力图全方位呈现高考制度改革的全貌。丛书注重高考制度变革的总结,基于本轮高考制度改革背景下对高考政策变迁的一个梳理,为本轮高考改革提供一些政策参考。

除了以上两套高考改革研究丛书以外,还在其他出版社出版了许多高考改革研究著作,如《高考改革论》《高校招生考试制度改革研究》《高考思辨》《苦旅何以得纾解——高考改革的困境与突破》《高校自主招生与高考改革》等。

刘海峰著《高考改革论》是作者 20 多年来高考研究集大成的成果,是一部全面论述高考改革的著作,是由 51 篇论文为专题研究基础构成的一部学术著作,共 36.9 万字,分为五个部分。第一部分"高考改革理论",第二部分为"高考改革政策",第三部分"高考改革走向",第四部分为"高考改革反思",第五部分"高考历史回顾",反映出作者维护高考制度、积极稳妥推进高考改革的理论观点。该书所收多数论文都提出了自己的见解,并有不少创新,如指出高考改革是一个"牵一发而动全身"的复杂系统工程,存在着八个方面的两难问题,即考测能力与公平客观的矛盾、灵活多样与简便易行的矛盾、扩大自主与公平选才的矛盾、考出特色与经济高效的矛盾、统一考试与考查品行的矛盾、统一考试与选拔专才的矛盾、考试公平与区域公平的矛盾、保持难度与减轻负担的矛盾。抽象地看,高考改革的侧重点则存在公平与效率之间的选择、理想与现实之间的选择。

---

① 大学不能被社会左右——章开沅 2017 年 5 月 16 日的即兴演讲[EB/OL]. (2017-05-17)[2018-04-20]. http://www.sohu.com/a/141131355_176210.

该书多方位、全面系统地论述了高考的功能、作用与影响。从理论研究到实践反思，从问题探讨到政策建议，从历史回顾到走向分析，兼顾宏观与微观、广度与深度，内容涉及高考改革的方方面面，具有重要的学术价值。在高考改革研究方面具有创新性和前沿性，在理论上有所建树，在学术上有所创新，推动了高考改革的理论研究，在解决国家高度重视的高考改革这一重大现实问题上有所贡献。

该书于 2013 年 12 月出版后广受好评，《教育研究》《中国教育报》《光明日报》《招生考试研究》等报刊发表了书评或书讯，并入选多种 2014 年教育类或社科类有影响力图书榜单。由中国教育新闻网、《中国教师报》联合主办，人民教育出版社协办的"2014 年度影响教师的 100 本书"于 2014 年 12 月 23 日揭晓，《高考改革论》为教育理论类的 9 部图书之一。《中国教师报》、中国教育新闻网联合推荐"2014 年全国教师暑期阅读推荐书目"（第三批），《高考改革论》为教育理论类的 10 部图书之一。[①] 2014 年 12 月，在由新华网与中国出版传媒商报社跨媒联合主办的"2014 年度中国影响力图书"评选网络投票中，《高考改革论》在社科类 25 种图书中投票排名第一。中国人民大学博士生导师程方平教授在《中国教育报》2014 年 6 月 16 日发表的书评《中国高考改革需要这样的深入研究——读刘海峰教授〈高考改革论〉有感》认为：该书"是近年来刘教授持续深入研究高考问题的智慧结晶"，"有关高考的研究与探索极为丰富，而在诸多的探究之中，刘海峰教授新推出的这一成果可谓是最全面和深入的"。该书于 2015 年 12 月获第七届高等学校科学研究优秀成果奖（人文社会科学）一等奖，是厦门大学在该届参评成果中唯一获得一等奖的成果。

以刘海峰教授为首席专家完成的《高校招生考试制度改革研究》一书，是 2003 年立项的首批教育部哲学社会科学研究重大课题攻关项目——"高校招生考试制度改革的理论与实践研究"的最终成果，是在大量调研和该项目的阶段性成果——中国第一套"高考改革研究丛书"（10 本），以及数十篇论文的基础上提炼而成的重大成果。全书除结语外，共分九章，从宏观与微观两个层面，通过文献分析、历史考察、大规模社会调查、国际与地区比较、

---

① 　详情可参见《中国教师报》2014 年 6 月 25 日第 8 版。

统计分析、改革实验等方法，从理论上梳理、分析和评价了我国高校招生考试制度发展的脉络、存在的问题，以及各种改革方案的成败得失，并借鉴外国尤其是发达国家及我国台湾地区高校招生考试改革的经验，提出了若干高考改革的政策建议及可供选择的具体改革方案。为我国当前高校招生考试制度改革提供了坚实的理论基础，具有很强的现实指导意义。该书出版后引起广泛的社会反响。《中国教育报》2009年10月14日第5版，用2/3版的篇幅，以《统考为主，逐步走向多样化——关于高考改革的原则、方案与政策建议》为题刊发了该书之结语。中国高教学会高等教育学专业委员会原理事长杨德广教授在《考试研究》2010年第3期发表《〈高校招生考试制度改革研究〉评》，认为："该书作为联合攻关的重大标志性成果与集体智慧的结晶，在研究过程中已经对全国和部分省市的高考改革起了理论指导作用，未来必定还将发挥长远影响。"《高校招生考试制度改革研究》于2011年获福建省第九届优秀社会科学成果奖一等奖；2012年10月，该书荣获第六届吴玉章人文社会科学一等奖，这是该届吴玉章奖唯一的北京以外学者所获得的一等奖。

郑若玲著《苦旅何以得纾解——高考改革的困境与突破》(江苏教育出版社，2011年)通过对考试形式、考试科目、考试内容、命题方式、录取机会、录取制度、高考加分、综合评价、自主招生、艺术招生等高考重要议题的研究，结合对《规划纲要》指导性意见的解读，就高考改革的走向提出明确的政策建议。本书以公平为线索，紧扣高考改革的现实问题提出意见与建议，不仅有诸多的理论创新，而且有强烈的现实指导意义，并对《纲要》的宣传起到重要作用。作为国内第一本系统解读《规划纲要》中招生制度改革的学术专著，本书出版后受到诸多关注，不仅被权威刊物论文所引用，而且受到国家教育考试指导委员会委员们的关注与重视。

高校自主招生是我国高等教育改革的热点与难点问题。张亚群著《高校自主招生与高考改革》一书，于2012年10月在中国社会科学出版社出版，是全国教育考试"十一五"科研规划重点课题"高考与高校自主招生关系研究"的成果。该书为作者积累多年研究成果，从历史与理论的视角，深入探究我国高校招生考试制度演化规律，揭示高校自主招生考试发展路向。该书分为历史篇、理论篇和改革篇三部分，视野广阔，逻辑严密，观点新颖，分析透彻，解答自主招生改革难题。作者全面考察中国考试制度变革的动因与影响,阐释当今高校自主招生的性质、途径、模式和改革导向,论析高科技条件下高考安全、高考综合评价、文理分科、跨省务工人员随迁子女"就地高考"等热点问题,提出不少独创见解。从比较的视角,辨析北大清华、复旦大学及高职院校自主招生模式之异同,剖析大众化阶段研究生招生考试改革的发展趋向、内地学生赴港高校升学热的动因。本研究对于全面认识和客观评价高考制度,促进自主招生改革和创新人才培养,具有重要的参考价值。

四、为高考改革出谋划策

除了研究课题、发表论文、出版著作为高考改革提供理论支撑以外,厦门大学教育研究院考试研究团队还以各种形式直接为高考改革出谋划策,或提供服务。

教育部考试中心长期以来以厦门大学考试研究中心作为考试研究依托基地之一。自 1992 年起,刘海峰教授就被教育部考试中心聘为兼职研究员,1993 年还被聘为全国教育考试暨自学考试研究委员会委员。郑若玲教授等参与教育部考试中心"十三五"规划的制定和修改工作,并与教育部考试中心副书记来启华一同领衔撰写出版了《考试机构文化建设概论》一书(高等教育出版社 2016 年版)。

厦门大学考试研究中心中心还与江苏省教育考试院、福建省教育考试院、天津市教育招生考试院、四川考试院等省级考试专业机构合作,共同研究考试改革问题,提供培训与服务,对推进包括高考改革在内的国家教育考试制度改革发挥了积极作用,业已成为国内教育考试研究的重镇和决策咨询基地。厦门大学教育研究院的教师和毕业学生已形成了一支专业的教育考试研究队伍,成为中国教育考试研究领域中一支骨干力量,在一定意义上,可以说已成为国家教育考试改革的智库,研究成果影响到教育考试改革的决策。有许多研究成果曾对国家制定招生考试改革方案产生过影响。如《高考改革的思路、原则与政策建议》一文所提的改革原则,以及推进外语考试改革、渐进地调整高校录取的区域配额,而且调整不仅要看研究型大学或全国重点大学在本省市招生的比例,更应该考虑的该省市中央部属院校的数量、录取人数和全体考生的比例等政策建议,便部分被《国家中长期教育改革与发展纲要(2011—2020)》第十二章《考试招生制度改革》吸收。2013年11月底刘海峰发表的《高考改革的"路线图"》一文中所提出的要选择条件较好的或较合适的地方和高校进行试点改革,在试点取得经验的基础上,循序渐进地推开,才能使高考改革稳步前进;《实现高考改革目标任重道远》一文明确提出的"减少统考科目、不分文理科,需要在一定范围内实验,确实具有可行性之后,才宜全面铺开"等观点,也被2014年9月出台的《国务院关于考试招生制度改革的实施意见》所采纳。

由于在高考改革研究方面的突出贡献,刘海峰教授在2010和2014年先后被刘延东同志聘为国家教育咨询委员会第一届、第二届委员会委员,在2012和2018年被聘为国家教育考试指导委员会第一届、第二届委员,参与高考改革顶层设计。自2010年11月受聘为国家教育咨询委员会委员以来,刘海峰教授便一直参与该委员会考试招生改革组的调研、研讨工作,历时近一年之久,调研范围涉及全国半数省份。国家教育体制改革领导小组办公室还专门请厦门大学选派研究考试的博士生到北京,为国家教育咨询委员会委员考试招生改革组的调研做秘书工作,2011年,刘海峰教授指导的博士生李木洲、李雄鹰分别借调到该组半年,参与高考改革调研及相关文件的编写工作。刘海峰教授等还提供以往研究高考改革的诸多著作,以及整理出《高考改革历程简述》《世界主要国家和地区高校招生考试方式简况》等,供考试招生改革组讨论高考改革方案参考。

研究团队还提交了许多关于高考改革的系列咨询报告。2012年5月,刘海峰教授主持撰写的《自主招生与大学联考改革研究报告》、《高考分省命题还是全国统一命题研究报告》以及《保送生制度改革研究报告》等3份研究报告获得国家教育体制改革领导小组办公室(简称国家教改办)采用函。报告的撰写定稿经过多轮专家及教育部相关部门领导参与讨论。国家教育体制改革领导小组办公室的采纳意见认为:《高考分省命题还是全国统一命题研究报告》与《保送生制度改革研究报告》,所提政策建议科学合理,予以"全部采纳";《自主招生与大学联考改革研究报告》所提改革建议具有一定的合理之处,予以"部分采纳"。博士生李木洲同学,在2011年借调国家教育体制改革领导小组办公室期间,一同全程参与了其中两份咨询报告的调研与撰写。当年该组咨询委员积累的相当厚实的16个招生考试改革专题的研究报告和大量的调研记录,为后来进一步研制高考改革方案、出台《国务院关于考试招生制度改革的实施意见》打下了重要的基础。

在前期研究的基础上,刘海峰教授撰写的咨询报告《建议在 13 个省区设立教育部直属高校》发表在 2016 年 10 月编印的国家教育咨询委员会《教育决策咨询》183 期。该报告提出:为改变现今教育部直属高校分布极不均衡的格局,合理布局教育部直属高校,建议在目前没有教育部直属高校的 13 个省区(或加新疆生产建设兵团,下同)各设 1 所教育部直属高校。这一重大举措至少有三大利好:一是在微观上可以促进教育公平,尤其是高校招生考试公平,大大缓解区域间的高考竞争压力,减轻部属高校招生属地化造成的负面影响,直接满足部分省区对优质高等教育资源的现实诉求;二是在中观上可以较快地相对平衡优质高等教育资源两极分化的现象,促进教育资源的均衡化与教育公共服务均等化进程,顺应民意,功在当代,利在千秋;三是在宏观上对促进国家整体教育水平的提升,特别是中西部人力资源开发,加快西部开发与中部崛起战略的实现,包括对增强 13 个省区广大民众对中央政府的向心力、巩固多民族国家的统一都具有重大而深远的意义。

该咨询报告于 2016 年 11 月得到刘延东副总理的肯定性批示。在各方面的努力下,经过深入的调研和决策,2018 年 3 月,教育部召开支持和提升中西部高等教育发展座谈会,"部省合建"工作宣布启动,在尚无教育部直属高校的省份,按"一省一校"原则,重点支持河北大学、山西大学、内蒙古大学、南昌大学、郑州大学、广西大学、海南大学、贵州大学、云南大学、西藏大学、青海大学、宁夏大学、新疆大学、石河子大学等 14 所高校建设。这些高校虽然目前隶属关系不变,但教育部把这些学校列入部属高校序列,相当于一种准部属高校身份,和部属高校一视同仁,地方政府继续加强对高校的领导和支持。

还有一种类似于被采纳的研究报告的形式是发表的论文获得高层领导的批示。如 2006 年 9 月 6 日,《光明日报》用近半版的篇幅发表记者宋晓梦《与刘海峰教授谈蒋多多事件》一文,事件源起是河南省南阳市八中 2006 届考生蒋多多参加高考时,在所有试卷的自答题部分都不写答案,却写下来 8000 字的对高考和教育制度的不满。消息传出,引起广泛的关注,许多媒体跟进报道和采访,各种观点相当歧异。该篇访谈录刊出后,多数议论平息下来。时任教育部部长周济在《光明日报》该访谈录上批示:"请学生司、考试中心并沁平同志阅研。我们也应组织一些这样的文章进行正面宣传。可请刘海峰教授等专家共同做些研究工作。"

无独有偶。2013 年 6 月 3 日至 6 月 18 日,刘海峰教授应约在《光明日报》开设"专家学者评论·刘海峰专栏",发表了 8 篇有关高考改革的系列文章,引起广大考生、家长和各方面的强烈关注。教育部袁贵仁部长在作者 6 月 18 日发表的《高考还能改变命运吗》一文上批示:"请玉波、蕙青同志阅。最近,海峰同志发表多篇关于高考的文章,观点鲜明,针对性很强。表示感谢。也需要更多的专家学者客观公正、全面深刻地发表意见,以让更多的人理性思考问题,推动解决问题。"发表在中央大报的文章获得教育部长主动批示,显示出学术观点得到高层领导认同,起到资政参谋的作用。

厦门大学教育研究院、厦门大学考试研究中心的研究力求顶天立地,不仅发挥科研服务国家发展的社会功能,而且为省市高考改革提供理论和智力支持。如选派在学研究生到一些省市教育考试院实习帮忙,并为全国许多省区培训招考管理干部,举办了系列研修班或培训班。

1977 年恢复高考是我国现代教育史上的一件大事,开创了中国招生考试史的新纪元、中国教育史的新纪元,是中国社会由乱而治的转折点,也是一个国家与时代的拐点。2017 年是高考制度恢复 40 周年,也是全国各省市推行新高考改革方案的重要年份,在这样一个特别的时间节点上,2017 年 5 月 26—27 日,由厦门大学考试研究中心、江苏省教育考试院、厦门大学教育研究院联合举办的"恢复高考 40 周年暨高考改革学术研讨会"在厦门大学科学艺术中心成功举办。研讨会得到中国高等教育学会、中国教育学会、光明日报教育研究中心等单位的学术支持,以及中国教育报、新浪教育、中国教育在线等单位的媒体支持。来自教育部相关单位、各高校、省市考试院以及主流媒体的代表百余人参加了此次会议。此次研讨会既具有深刻的历史意义,又具有长远的现实价值,可以归纳为三大特点,一是"群贤毕至、少长咸集",二是"理论与现实交互研讨",三是"理论与实践相互结合"。专家学者汇聚一堂,共同回顾高考历程、探讨高考改革,无疑具有重要意义。

总之，厦门大学高考研究团队已成中国教育考试，特别是高考研究领域中的一支骨干力量，以中心主任、国家教育考试指导委员会委员刘海峰为首的研究团队已成为国家教育考试改革的决策咨询基地，并将进一步成为国内领先、国际上有较大影响的高考研究团队。

高校分类设置设计与大学生学情研究

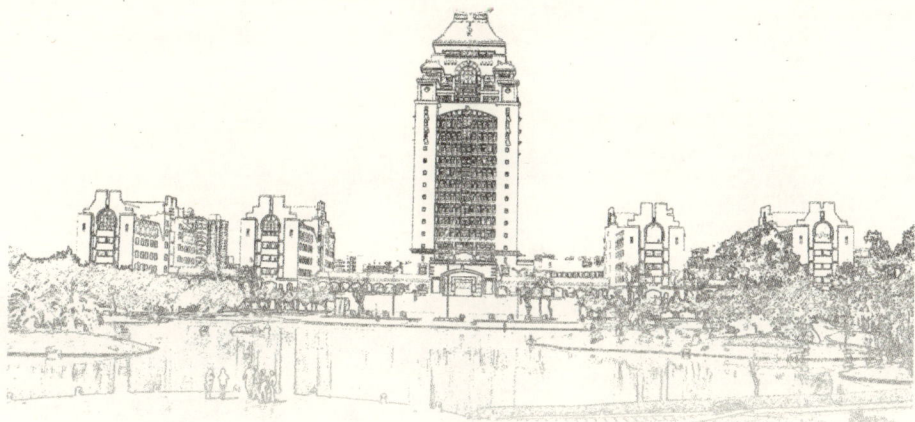

回归学生主体：高等教育质量与国家大学生学情研究

史秋衡

　　高等教育质量与大学生学情研究是史秋衡教授研究团队立德树人的重要研究领域，已经取得了一系列具有海内外广泛影响力的研究成果。质量是高等教育的生命线，促进学生发展是高等教育质量建设的核心任务，"回归学生主体"是高等教育质量研究和大学生学情研究的基点，强调学生主体是史秋衡教授团队服务教育资政决策的立足点，是高等教育研究者"以人为本"的学术使命与责任担当。在教育学科最高等级立项的国家社科基金教育学国家重点课题的研究基础上，出版《高等教育大众化阶段质量保障与评价体系研究》《大学生学习情况调查研究》两部代表性专著，分别从质量保障体系和学生主体发展开展高等教育质量研究，无论是学理性的《高等教育大众化阶段质量保障与评价体系研究》，还是大规模实证研究的《大学生学习情况调查研究》，均是对学生主体价值的关注。

　　高等教育质量已经成为世界各国共同关注的核心议题，开展高等教育质量研究具有重大理论与现实意义，专著《高等教育大众化阶段质量保障与评价体系研究》为史秋衡教授主持的国家社科基金（教育学科）国家重点课题"高等教育大众化阶段质量保障与评价体系研究"（课题批准号：AIA060009－2)结项成果出版物，获教育部颁发的第七届高等学校科学研究优秀成果奖（人文社会科学）三等奖。同时，该课题是国家命题的招投标课题，也是国家社科基金单列的教育学科的最高等级课题。专著《大学生学习情况调查研究》是2010年国家社会科学基金"十一五"规划教育学重点课题"大学生学习情况调查研究"（课题批准号：AIA100007）的结项成果，首席

101

专家史秋衡教授带领研究团队充分研究国内外大学生学习与人才培养的相关理论、调查方案设计和实践进展,科学严谨地编制了本土化的国家大学生学情调查问卷及研究方案。在上百所协作校的大力支持下,研究团队每年定期抽样调查全国大学生学习情况,建立了大规模结构化的国家大学生学情调查数据库。同时,课题组在这一数据库的基础上,围绕大学生学情的整体状态、重要专题开展了全面而深入的研究,形成了宝贵的研究成果并集结成系列丛书出版。

史秋衡教授始终坚守回归学生主体价值,在高等教育质量与大学生学习情况两个研究领域展开一系列前沿性和创新性的研究,"顶天""立地"是史秋衡教授开展学术研究以及其研究成果的两大鲜明特点。一方面,紧跟国际研究动向,服务资政决策,一是研究成果建基于相关研究的国际前沿,与国际相关研究焦点、研究成果及研究范式接轨;二是基于的课题获得国家社科基金教育学重点课题立项,研究成果致力于为中央政府和教育行政部门提供重大对策和建议。另一方面,科学调查学生学情动态数据,并以此开展研究。其一,无论是大学生学习情况研究还是高等教育质量研究,都是基于真实数据资料,如大学生学习调查研究从大学生主体的视角出发,以国家大学生学情调查研究数据库为支撑,在全国大学生学习情况调查的基础上形成实证研究成果,注重与大学生和协作校进行交相印证,从而保证了研究成果的客观性和准确性,有助于课题协作校的稳步发展和全国高校人才培养质量的有效提升;其二,研究从学术规范出发,具有扎实的理论基础、采用严谨的研究方法,是学理性和原创性相结合的研究成果。

一、高等教育大众化阶段质量保障与评价体系研究

专著《高等教育大众化阶段质量保障与评价体系研究》是国家社科基金(教育学科)国家重点课题"高等教育大众化阶段质量保障与评价体系研究"的结项成果出版物。在方法论层面,以自上而下的哲学方法论、自下而上的一般科学方法论和以问题研究为核心的具体科学方法论为切入视角。从形而上的哲学角度的理论建构入手,与形而下的实践角度的理论应用相结合,进一步提出研究思路和分析框架,深化了高等教育质量保障研究;分析我国高等教育大众化阶段质量保障体系在工具理性和价值理性之间可能和最佳

的平衡点，为我国高等教育质量保障的体系建构和解决发展的现实困境提
供了有效的思路。从研究方法和思路，高等教育的质量观，高等教育质量保
障机制的国际视野，我国各级各类高校教育教学质量的现状调查和成因分
析，新建本科院校、独立学院、民办高校教育教学质量的案例研究，高等教育
的质量评价体系研究，高等教育的质量保障体系研究等七个方面展开研究，
从理论应用与问题实证、自评与监测制度配套、院校分类等三个视角切入，
展开有机结合的集群纵深研究。

（一）哲学与应用：高等教育质量保障与评价研究的两个维度

在高等教育质量保障与评价体系的理论研究中，从哲学层面和应用层
面双维度展开。史秋衡研究团队对教育问题进行哲学阐释，为我国高等教
育大众化的高教质量保障与评价面临的重大问题提供解决思路，提出高等
教育质量保障体系建设的突破口，设计质量保障体系的总体设计方案。史
秋衡教授研究团队发现：高等教育质量观正在实现认识论向价值论的转移，
即由以理论理性为主导，强调对高深学问的追求，转向以实践理性为主导，
更加关注高等教育质量利益相关者的价值诉求，彰显高等教育的公共价值。
在这样的哲学关照之下，实践领域的高等教育质量保障机制也应相应调整，
具体表现为：政府应转变为隐形的管理者，由中介组织来监督大学质量；大
学需要在政治和市场的压力下将责任内化，实现大学内部学术自治的复苏。

在实践中，在我国高等教育大众化时期，面对评价主体和评价对象的多
元化，应当构建分类的质量保障与评价体系。高等教育质量的内涵有着内
在的一致性。从国家比较的视野来看，大众化高等教育质量保障机制以提
高高校人才培养质量、促进学生的全面发展为根本目标，确定学生在质量保
障与评价中的关键地位和作用，以内部评价和外部评价有机结合为保障，以
政府从管制走向服务、学校真正成为办学的主体为路径。各国高等教育质
量监控模式的改革虽然起点不同，但最终都会走向一种多元平衡的模式。
大众化后高等教育质量保障机制的发展路径经历了从评价到保障到改进的
过程，其实质为学术自治的回归。在这样的背景下，学生体验成为高等教育
质量保障的新内容，师资保障成为高等教育质量保障的新要求，分层设计成
为高等教育质量保障的新思路。

(二)工具性到目的性:高等教育质量评价政策与体系的转变

我国高等教育质量评价政策从本质上看,经历了一个从工具性价值到目的性价值的转变;从功能上看,经历了一个从基准控制的导向功能和奖优罚劣的调节功能向提高质量的管理功能的转变。在实践中,为了完善高等教育质量评价体系,需要确立知识型的学术基层组织制度、实行扁平和分权并立的管理模式,建立以基层质量评价为基础、中层关注质量保障、高等关注质量改进、人人为质量负责的质量评价制度。高等教育质量管理是高等教育质量保障的必然选择,它从强调评价绩效化开始,是大学自我质量管理调适的过程,最终将走向院校内部质量文化建设。高等教育质量观由关注知识转变为关注利益相关者的价值诉求,中介评价将是协调高等教育工具理性和价值理性的有效平衡点。

(三)多元与共享:高等教育质量观的趋向

高等教育发展的多元化要求高等教育质量观的多元化,具体表现在:多方利益相关者要求高等教育质量评价主体多元化;院校发展多样化要求质量评价模式的多元化;院校类型的多样化要求评价层次的分类化。与此同时,高等教育质量保障仍然需要刚性统一化发展,要求评价程序的规范化和评价结果的透明化。高等教育质量保障是高等教育质量观的多样化和质量保障机制刚性统一之间的博弈。高等教育质量管理制度经历刚性评价到柔性制度文化建设的转变,从评价到保障到改进的高等教育质量管理路径是世界高等教育发展的共同选择,最终将会实现从注重管理技术到培育质量文化的转变。同时史秋衡教授创新性地提出,高等教育大众化背景下的质量观体现为:只有让各利益相关者在高等教育质量保障中共同承担责任,才能保障高等教育质量和高等教育利益相关者的利益。具体到实践领域的高等教育质量保障机制,尊重院校自我目标达成的完善的院校内部自评机制,应成为院校质量管理的核心方式;统一的外部质量保障制度以及有效的激励与约束机制,是高等教育质量实现的重要保障。

(四)成效与展望:研究成果与学术影响力

史秋衡教授研究团队在高等教育质量研究领域产生了重要影响并多次

获得重要奖项。史秋衡教授主持的国家社科基金（教育学科）国家重点课题"高等教育大众化阶段质量保障与评价体系研究"的结项成果获得鉴定组专家们的好评，以良好等级于 2010 年通过结题，获教育部颁发的第七届高等学校科学研究优秀成果奖（人文社会科学）三等奖。根据专著《高等教育大众化阶段质量保障与评价体系研究》核心观点整理而成的《大学基层学术组织制度建设的内在逻辑》一文，是国家社科基金（教育学科）国家重点课题"高等教育大众化阶段质量保障与评价体系研究"的中期成果，曾被《新华文摘》2010 年第 2 期全文转载，并于 2011 年 12 月获福建省人民政府颁发的福建省第九届社会科学优秀成果奖二等奖（该届教育类一等奖空缺，为福建省历年来首次送全国著名专家双盲评审），又于 2011 年 9 月荣获国家教育部颁发的第四届全国教育科学研究优秀成果奖二等奖。基于对于史秋衡教授本人以及相关研究成果的欣赏及重视，教育部科技司邀请史秋衡教授于 2013 年 3 月在该司会议室做了题为"教育质量的内涵和评价"的讲座，其成效获教育部科技司咨询报告证明。

除此之外，《高等教育大众化阶段质量保障与评价体系研究》出版后受到学术界的好评。该专著架构及基本观点是史秋衡教授于 2014 年中标立项的教育部哲学社会科学研究重大课题攻关项目"高等学校分类体系及其设置标准研究"（课题批准号：14JZD046）的核心基础，据教育部社科司在开题时介绍，史秋衡教授领导的课题组在七个招投标课题组中唯一获票且全票通过的课题组，攻关课题的国家盲审专家们充分肯定了该专著的主要创新和重大理论价值。同时，史秋衡教授在专著中阐述的质量观及大学生发展观是 2010 年通过招投标新获国家社科基金教育学重点课题"大学生学习情况调查研究"（课题批准号：AIA100007）的核心基础，评审专家们充分肯定了史秋衡教授专著的主要创新和重大理论价值，以及持续多年累积建成的 60 余万样本的国家大学生学情大型研究数据库。

同时，在高等教育质量研究领域产生了重大学术影响。如专著《高等教育大众化阶段质量保障与评价体系研究》被《教育研究》2015 年第 1 期《大学生学习满意度：高等教育质量评判的原点》文他引、被《中国高等教育》2015 年第 3—4 期《当代大学生价值观个体化取向研究》文和《大学生学习满意度的院校特征评价》文他引、被《复旦教育论坛》2014 年第 1 期《不同类型高校本科生源质量的实证研究》文引用。史秋衡教授在高等教育质量研

105

究领域取得多项重要学术成果,已发表了多篇 CSSCI 期刊文献,并广泛被全文转载和 CSSCI 他引。其中,《日本私立高校面临倒闭危机》发表于《教育发展研究》2008 年第 2 期,被人大复印资料《高等教育》2008 年第 7 期全文转载。《对高等教育评价哲学的探讨》发表于《高等教育研究》2008 年第 8期,被《评价与管理》2008 年第 4 期全文转载,被《国家教育行政学院学报》2011 年第 2 期《多元化高等教育评价体系理论新探》一文他引。《英国高等教育质量管理制度变迁探析》发表于《厦门大学学报(哲学社会科学版)》2009 年第 3 期,被《中国社会科学文摘》2009 年第 9 期全文转载,被人大复印资料《高等教育》2009 年第 9 期全文转载,被《东岳论丛》2012 年第 12 期《英国高等教育中的政府干预评析》一文他引。《英国高校科研质量管理的路径选择:从院校竞争走向国家整体协调》发表于《高等教育研究》2009 年第 6 期。《过度市场化下中外合作办学的理念调整及发展规划》发表于《教育研究》2009 年第 9 期,被《教育发展研究》2014 年第 11 期《中外合作办学政策在高等教育中的实践:多元视角的思考》一文他引。《大学基层学术组织制度建设的内在逻辑》发表于《复旦教育论坛》2009 年第 5 期,被人大复印资料《高等教育》2009 年第 11 期全文转载,被《新华文摘》2010 年第 2 期全文转载;被《中国高教研究》2012 年第 12 期《学科—专业—产业链:协同创新视域下的基层学术组织创新》一文他引,被《高教探索》2014 年第 3 期《基于自组织理论构建协同创新的科研组织模式》一文他引。《高等教育质量观:从认识论向价值论转变》发表于厦门大学学报(哲学社会科学版)2010年第 2 期,被人大复印资料《高等教育》2010 年第 8 期转载,被《中国教育科研参考》2011 年第 18 期转载;被《清华大学教育研究》2012 年第 3 期《高等教育质量:概念内涵与质量标准》一文他引,被《国家教育行政学院学报》2011 年第 2 期《论高等教育质量评估的多元化趋向》一文他引,被《教育研究》2011 年第 2 期《2010 中国教育研究前沿与热点问题年度报告》一文他引,被《中国高教研究》2011 年第 10 期《结构性双师型:我国高职院校师资队伍建设之方略》他引,被《大学教育科学》2014 年第 3 期《差异性利益诉求的满足:顾客需求视角下的高等教育质量》一文他引。

进一步提升了高等教育质量领域研究的国际影响力。为了增强高等教育质量及评价体系的国际学术影响力,在专著撰写期间,史秋衡教授组织召开厦门大学教育研究院建院 30 周年暨"大学教育质量的理论与实践研究"

国际学术会议,该会议是以专著所属国家社科基金(教育学科)国家重点课题"高等教育大众化阶段质量保障与评价体系研究"名义召开。来自中国、英国、俄罗斯、日本、美国等 9 个国家的 400 余位知名专家学者出席并围绕专著"质量保障"的核心议题探讨高等教育质量保障的内涵与外部关系,展望高等教育学科的发展趋势。除此之外,《厦门大学教育研究院建院 30 周年庆典暨国际学术会议综述》发表于《教育研究》2008 年第 8 期。这次国际会议在国内外产生了深远影响。

二、强调学生主体的高等教育质量评估

国家的未来在人才,人才培养质量是高等教育发展的永恒主题。虽然高等教育质量是一个复杂的概念,但毋庸置疑,高等教育质量建基于"学生"这一人才培养主体。国际高等教育质量评估曾经将声誉和资源作为最主要的评价标准,但最终回归到了强调学生主体这一核心议题上来。

(一)大学生学情:高等教育质量的重要表征

第一,大学生学情是高等教育质量的旨归。高等教育质量具有丰富的内涵。国内外有关高等教育质量观的表述也是林林总总,包括学术性质量观、需求导向观、目标适切观、产品观和绩效观、知识质量观等。1998 年 10 月在巴黎召开的世界高等教育大会上通过的《21 世纪高等教育展望和行动宣言》中就提出高等教育质量是一个多层面的概念,要"考虑多样性和避免用一个统一的尺度来衡量高等教育的质量"。从高校的三大职能——人才培养、科学发展和社会服务来考虑,人才培养作为其中最基本和最重要的社会职能已达成共识。产品观作为高等教育质量观的代表之一也获得了较大的市场。高等教育产品质量观认为,高等教育提供的产品和服务能够达到所规定的标准,这种教育就是有质量的教育。随着高等学校职能的扩展,科学研究和社会服务也被看作高等教育的产品。因此,从广义上说,高等教育的质量至少包括人才培养质量、科学研究质量和社会服务质量这三个方面。

从狭义上看，高等教育质量是指人才培养质量，这是最基本、最主要的。[①]人才培养的数量和质量就成为衡量高校工作成效大小、任务完成好坏和社会贡献高低的重要指标，而学生学习质量也成为衡量高校教育学生的质量和人才培养质量的重要尺度。

英国学者富雷哲（Malcolm Frazer）在研究各种质量观的基础上，对高等教育质量的内涵作出阐述。[②]他认为高等教育质量是一个复杂的思想，可以从各自的角度对其做出不同的解释。但是有一点是可以肯定的，高等教育质量首先是指学生发展质量，即学生在整个学习历程中所学的"东西"。学生在认知、技能和态度等方面的收益是衡量质量的核心标准，那些所谓的专业知识和高深学问总是被寄希望于通过某种显性的或者隐性的输入方式，让学生能够更好地吸纳和接收，从而内化为学生个体的知识和能力，转化为学生个体发展的有形或无形的力量。特别是当今现代教育教学和学习方式日益多元化的背景下，教学与学习过程都更加灵活多变，这就为学生学习成果的产生创造了更多的可能性，不同的学习方式可能产生同样的学习效果，相同的学习方式也可能产生不同的学习效果，但我们始终更关注的是，"无论学生选择以何种方式、地点、时间以及空间学习，但只要他们能够获得同样的学习结果，那么，所有这些方式都是合理正当的"[③]。因此，大学生学习的成效既是高等教育质量的出发点也是落脚点，而大学生的学习特征是高等教育教学质量最直接和重要的体现。

第二，大学生学习情况是高校教育质量的根本。大学生的学习是一个动态的、多维的社会活动，除了对学生的学习成果进行评估外，对其过程的评估才能够真正把握高校的教学质量。单纯对学生的学习成果加以评估只能发现学生学到了什么，而无法具体观测到他们是怎么学的，以及影响大学生学习效果的具体因素。通过关注大学生学习动机、学习方式以及学习体验等与大学生学习相关的特征，能够反映各高校学生学习过程性指标的表现，在高校教育质量评价尤其是揭示高校教育质量内涵方面具有重要而深

---

① 周远清.高等学校文化素质教育新探讨[M].济南：山东大学出版社，2011.

② Malcolm Frazer. Report on the Modalities of External Evaluation of Higher Education in Europe：1995—1997[J]. Higher Education in Europe，1997，22(3)：349-401.

③ 万华.我国大学生学习成果研究[D].厦门：厦门大学，2013.

远的意义。从这些调查情况中,我们可以评估大学所开展的教学行为是否得当,大学提供的教学环境是否符合学生需求,以及教师的教学方式是否有助于提高学生的学习质量,评估学校为学生提供的环境和条件是否充分,学生是否能够有效地利用学校给予的资源等。从而找出各高校在教学过程中存在的薄弱环节和不足之处并加以改进。通过调查了解大学生的学习特征,得出具有客观性和直观性的结果,为各高校及院系改进教学提供直接参照。大学政策的制定者和管理者也能以此为依据对高校教学做出更有针对性的决策,帮助教师改进教学方式,指导学生改进学习方法,从教与学两方面提高学生的学习成果,进而提高人才培养质量。

(二)大学生学习特征:教育教学改革的重要依据

伴随着经济社会的发展,科学技术日新月异,新技术的革命浪潮冲击着包括高等教育在内的各个领域。教育在承受这种变革压力与挑战的过程中只有不断深化人才培养模式改革,才能适应新形势的要求,从容应对技术革命带来的变化。特别是知识经济背景下,只有注重推进教育教学改革和提高本科人才培养质量才能加大教育在社会经济发展中的推动力。本科教育教学改革包括人才培养模式改革和课程改革两部分,其中,大学生的学习特征是本科教育教学改革实施的重要参考和依据。大学生的学习特征除了学习效果还包括学习动机和学习兴趣等与学习相关的环节。受教育者是高等教育产业服务的直接对象,如何调动大学生学习的主动性和积极性,如何培养学生学习的兴趣,使其全身心投入到专业学习当中,都是高校人才培养改革中不能回避的现实问题。教育教学改革过程中很重要的任务就是要把人才培养建立在开发学生自主学习能力的基础之上。只有在了解学生学习特征的基础上才能为进一步开发和培养学生的自主学习能力提供实践方面的参考。

首先,关注大学生的学习动机,提高学生学习的自主性。学习动机是直接推动大学生学习的一种动力,内部学习动机和外部学习动机构成了学生学习需要的内外部推动力。不同的学习动机组成动力因素的复合体,共同对学生学习起作用。在教育教学中,需要我们充分了解大学生的各动力因素,从多方面调动和端正大学生的学习动机,从而提高学生学习的自主性。一方面,了解大学生学习的内外部动因有助于在教育教学改革中努力将两者结合起来。例如,搞清楚哪些是学生对学习活动本身感兴趣而引起的动机,哪些是由外部因素推动的学习动力,这样就可以有针对性地调动学生的学习动机,加强他们的自主学习能力。

其次,了解大学生的学习兴趣,提高学生学习的能动性。教学实践证明,教师在教学过程中掌握学生的心理特点、培养学生的学习兴趣能够提高教学质量。教学过程是引导学生认识的一个过程,如果能够在教师的引导下发挥学生的主观能动性,让学生带着兴趣主动参与学习过程,将有利于教师更好地实施教学过程,使学生掌握知识和技能。这就需要我们通过调查来了解大学生学习的兴趣所在,从而在教育教学改革中努力激发个体的学习兴趣。特别是在运用知识的实践中,由于人的兴趣与其对客观事物认识的深度和广度密切相关,所以当学生在运用知识过程中遇到困难和问题时,我们要引导学生正确看待已有知识的不足,从而引发其深入学习和研究的兴趣。

最后,重视大学生的学习方式,提高学生学习的协作性。学生学习方式的转变是提升学生学习质量的关键。了解大学生的学习特征,很重要的方面就是关注大学生的学习方式是否符合现代教育的特征。因为新一轮的课程改革是一场传统教学方式与学习方式的革命。传统的学习方式大多为接受式学习,直接接受教师或书本的知识,以死记硬背现有知识为典型的被动式学习方式。教育教学改革应在充分了解大学生现有学习方式的基础上,将不合理的学习方式转变为科学合理的符合现代教育特征的学习方式。如针对大学生存在的单一、被动的学习方式,教育教学改革中就应当倡导并推行自主、合作、探究等多元化的学习方式,尤其注重高职学生学习方式的改革和转变,才能符合高职教育培养适应生产、建设、管理和服务第一线专门人才的需要。

(三)大数据分析:促进学生主体高等教育质量评估理念到实践

在美国高等教育院校认证评估模式中,新的认证原则要求关注学生在校期间的学习经历;在英国的院校审计模式中,强调院校应当采取严格的手段提升学生的学习质量;在我国的审核评估模式中,学生发展被列为评估的一级指标。以学生为主体的高等教育质量评估存在不同的表现形式。一方面,学生可以作为"质量承载者"对学习结果进行评估,比如学生学习成果、学生满意度调查；另一方面，学生也可以作为"质量体验者"对学习过程进行感知，比如学习方式与学习投入度调查。

从强调以学生为主体的高等教育质量评估理念，到注重以学生为主体的高等教育质量评估实践，这一转化过程中存在着知与行之间的鸿沟，而大数据分析则是填补这一鸿沟的利器。在世界范围内兴起的大学生学习调查，如美国的"大学生学习投入度调查"（NSSE）、英国的"大学生调查"（NSS）、澳大利亚的"大学生课程体验调查"（CEQ）、中国的"国家大学生学情调查"（NCSS），都体现了一种基于大数据的循证管理。大数据强调全面数据、完整数据与系统数据，据此考察数据之间的关系并发现未知的规律。[1] 循证管理包含用大数据说话，但不仅仅指用大数据说话。在循证中，研究证据观强调在决策及实践中以最佳的科学研究证据为基础；研究证据与个体体验证据结合观则强调利用个体体验判断对研究证据进行搜寻、记录、批判性评价以指导决策；多重证据观在以上观点基础上又将具体情境证据和利益相关者的偏好纳入证据中。[2] 也就是说，在获得数据及把握其因果关系的基础上，还应该结合具体情况很好地解读数据。大数据和循证管理两者相辅相成，缺一不可。

（四）大学生学情调查：中国高等教育质量评估范式战略转型

"强调学生主体"始终是高等教育质量评估范式研究的价值所在。遵循以学生为主体的理念，以大数据为手段和方式，这是国际高等教育质量评估的新趋势。为建设高等教育强国，中国在 21 世纪做出了高等教育质量评估范式的战略转型。史秋衡教授在主持国家重点课题"大学生学习情况调查研究"的过程中，根据国内外大学生学习与人才培养的相关理论、调查方案设计和实践进展，科学严谨地编制了本土化的国家大学生学情调查问卷及研究方案。在众多协作校的大力支持下，开展对全国大学生进行了每年定期抽样调查，并建立了大型的、结构化的国家大学生学情调查数据库。

同时，国内外众多研究人员在史秋衡教授的带领下，充分挖掘国家大学

111

---

① 维克托·迈尔-舍恩伯格，肯尼思·库克耶.大数据时代——生活、工作与思维的大变革[M].盛杨燕，周涛，译.杭州：浙江人民出版社，2013：V.
② 颜士梅，梅丽珍.循证管理中"证据"的内涵及测量[J].软科学，2012(11).

生学情调查数据库的研究价值,围绕大学生学情的整体状态、重要专题开展了深入的分析和全面的研究,并形成了宝贵的研究成果。整体把握国家大学生学情状态的基本特征、重要规律、重大问题与解读要点。大学生学习信念专题将重点厘清大学生学习信念的多维系统结构,找出其基本要素,探寻我国大学生学习信念的多样化特征及影响机制,研究大学生学习信念在学习过程中如何发挥价值支持与动力支撑的作用,以及如何决定着学习的总体方向。大学生学习方式专题将在借鉴的基础上设计调研方案,有效解读我国大学生学习方式现状,并重点分析学习观和课堂学习环境如何对学习方式产生重要影响。大学生学校适应专题将探寻多维结构基础上的系统适应特点,把握不同阶段的动态过程,并探讨校园压力和校园活动对大学生学校适应的重要影响机制。大学生学习满意度专题将采用学生参与理论对大学生在大学学习中所扮演的角色进行描述,并在此基础上结合大学学习过程的要素理论,分析大学生总体学习满意度的特征及其重要性,剖析大学生学习满意度的内部结构,并从个人发展、群体收获、项目管理和制度建设等层面构建大学生学习满意度评价的逻辑模型。大学生学习成果专题将从通识教育、专业教育和软技能学习成果三个维度,考察我国大学生学习成果的基本情况,探讨影响大学生学习成果的因素及其相互关系,分析我国大学生学习成果的形成机制。大学生学习投入度专题将测量我国大学生学习投入度总体水平,分析大学生学习投入度对学习成果的作用方式与影响途径,研究改善学习成果的方式方法。大学生人际交往对学习力影响专题将以哈贝马斯的交往理论、社会建构主义理论等相关理论为依据,考察大学生学习力的维度、结构以及人际关系对大学生学习力的影响方式,分析人际交往对不同群体大学生学习力各维度的影响特征。因此,"强调学生主体",既是国际高等教育质量研究的趋势,又始终是史秋衡教授在高等教育质量评估研究方面的价值取向。

三、回归学生主体:大学生学情调查研究

1998 年,世界高等教育大会通过的《21 世纪的高等教育:展望与行动宣言》中指出:"高等教育质量是一个多层面的概念,应包括高等教育的所有功能和活动:各种教学与学术计划、研究与学术成就;教学人员、学生、校舍、设

施、设备、社区服务和学术环境等。高等教育的质量还应包括国际交往方面
的工作：知识的交流、相互联网、教师和学生的流动以及国际研究项目
等。"①从高等学校职能的角度来看，高校具有培养人才、发展科学、服务社
会和文化引领四大职能，而有质量的高等教育则意味着高校能够充分有效
地发挥这四项职能。但是高等教育质量的概念无论如何复杂，都离不开培
养人才这一核心职能。学生是高等教育质量生成的核心主体，人才培养质
量是高等教育质量的核心问题，成为当前人们的共识。《21世纪的高等教
育：展望与行动宣言》同时也指出应当"把学生视为高等教育关注的焦点和
主要力量之一"。

（一）大学生学习成效：高校教学质量评估的重要指标

对学生学习状态和学习效果进行评估是高校教学质量管理的一项重要
措施。通过对学生学习特征的了解能反映出教师的教学质量。课堂教学质
量是高校教学质量众多要素中最为核心的要素，而学生的学习特征是课堂
教学情况的重要体现。为了深化教育教学改革、全面提高高校人才培养质
量，我国教育部建立了高校教学工作水平评估质量体系，对高校进行教学质
量的评估。高校教学质量既包括教师的"教"，也包括学生的"学"，两者是有
机的结合体。教师在教学中只是起着引导的作用，学生才是学习的主体。
学生的学习状态和学习效果是评估高校教学质量的重要指标，对学生学习
特征的评估也是高校提高教育教学质量的有效方法。

大学生学习成果是高校教学质量评估的参照物。美国是通过质量评估
机构的评估来保证高等教育质量的，但其高等教育评估没有统一的国家质
量标准。为了满足家长和学生获取高等学校信息的需求，美国常常通过高
校教学质量排名的方式，为学生在择校过程中获得更多指导提供帮助。排
名机构主要采取成果评估和声誉调查的方式对高校进行排名。另外，毕业
生的成果以及在校学生的学习成效也常被用作评估高校质量的辅助资料，
在州高等教育质量评估中最受关注的就是绩效评估。绩效评估最关注的是

---

① World Conference on Higher Education, 1998. World Declaration on Higher education
for the Twenty-First Century: Vision and Action [EB/OL]. [2015-02-25]. http://www. unesco.
org/education/educprog/wche/declaration_eng. htm # world%20declaration.

本科教育和学生学习成果,以及学校如何提高学生的学习质量。在英国,高校学科层面的学术评估主要考察学科层面的学术标准和学生经历的质量。如苏格兰就是通过评估每所高校的政策和实践来提高学生学习经历的质量。在加拿大,高等教育委员会对当地大学进行质量评估的目的是提高各高校开设的不同阶段的课程质量,同时了解学生的学习情况,通过评估,高教委员会向大学提出改进所开课程质量的建议,并向公众保证各高校开设的课程是有质量保证的。我国高等教育质量评估具有相对统一和规范的特征。学生的学习效果是本科教学工作水平评估的重要指标之一。在高校内部质量保障体系中,结果保障就是教学效果评价。这种评价包括院系教学工作评估、专业评估、课程评估、教师教学质量评估、学生学习效果评估以及毕业生满意度调查及其追踪调查等多个环节。

大学生学习满意度是高校教学质量评估的落脚点。学生是教育教学活动的主体,经历了教育教学活动的全过程,是教育教学最直接的参与者和体验者,也是教学质量优劣的重要影响因素和最终体现者。因此,对高校教学质量评估就要把学生的学习满意度作为根本的落脚点。第一,对大学生学习满意度的考察有助于提高学生的学习能力。通过对大学生学习满意度的调查和评价,可以把学生在学习过程中遇到的问题反馈给学生,让学生更加了解自己的学习质量,根据存在的问题不断改进学习方法或调整学习状态,从学习动机、学习方式和学习情感等方面考量自己的学习状态,促进良好学习习惯的养成。第二,对大学生学习满意度的调查有助于教师改进教学方式和方法,提高教学质量和水平。大学生的学习满意度很大程度上反映了教师的教学质量,教师可以通过分析学生学习特征反馈回来的信息,了解自身的教学效果,归纳教学中存在的问题和优势,扬长避短,补缺补漏,在不断的改进中达到满意的教学效果。第三,对大学生学习满意度的掌握是检验学生学习质量和教师教学质量的有效手段,有利于高校有的放矢地对教学质量进行控制和管理,让管理部门更充分地了解教师的教学情况,为高校提高教学质量的决策提供准确的依据,从而达到改善整个学校教学管理工作的目的。

(二)国际前沿与自主创新:大学生学习情况调查问卷与数据库

"大学生学习情况调查研究"是国家社会科学基金"十一五"规划 2010

年度教育学国家重点课题（课题编号 AIA100007），在中国 2011 年度至
2015 年度的五次国家大学生学习情况调查（NCSS）和巴基斯坦 2013 年度
巴基斯坦大学生满意度调查基础上完成。在史秋衡教授主持此项国家重大
课题的过程中，撰写了专著《大学生学习情况调查研究》，采用自下而上的研
究思路，从学生的角度入手，试图获得大学生对自我学习情况评估的第一手
资料，以了解大学生学习的实际情况。大学生学习情况是提升高等教育质
量的重要抓手。我国高等教育肩负着培养数以千万计的高素质专门人才和
一大批创新型人才的重要使命。近年来高等教育规模的快速扩大带来一些
负面效应，学习质量问题成为亟须解决的核心问题。为此，教育部非常重视
高校办学条件指标监测及教学工作评估，国务院于 2007 年 1 月进一步出台
了《教育部财政部关于实施高等学校本科教学质量与教学改革工程的意
见》，期望通过教学水平评估与教学改革有效地提高高校本科教学质量，但
是现有的人才培养质量保障一般是自上而下，对真正作为教学过程中受教
育主体的大学生的关注较少。而人才培养质量的最终落脚点是大学生，大
学生的受教育情况和受教育质量最终决定着高等教育的质量。

对我国大学生学习情况进行调查是一项具有攻关性质的前沿课题。遵
循大数据和循证的基本思想，课题组首先面临的问题是如何将大学生的学
习情况量化，以数字表征我国大学生的学习情况。在这方面，国内外都有了
很好的研究先例，在国外，美国的"大学生学习投入度调查（NSSE）"、英国的
"大学生调查（NSS）"、澳大利亚的"大学生课程体验调查（CEQ）"，都是坚持
了多年的全国范围的大学生学情调查。在国内，清华大学的 NSSE-CHINA
调查、北京大学的"高校教学质量与学生发展状况"调查、北京师范大学的
"大学生就读经验调查"、西安交通大学的"大学生学习风格量表"等，在借鉴
国际大学生调查的基础上，在我国大学生学习情况调查方面起到了先锋试
水的作用。然而值得关注的是，由于文化、教育体制和社会经济环境等方面
存在差异，我国大学生与外国大学生的学习情况也不尽然相同。[①] 这就要
求我国学者尽可能独立地开发具有自主知识产权、符合我国实际情况、具有
良好信效度、可以进行国际比较的"大学生学习情况调查问卷"。

115

---

① 史秋衡，郭建鹏. 我国大学生学情状态与影响机制的实证分析[J]. 教育研究，
2012(2)：109-121.

　　史秋衡教授带领众多专家学者在借鉴和学习国内外已有研究的基础上,自主设计和开发了具有良好信效度的"大学生学习情况调查问卷",这无疑对我国大学生学习调查具有里程碑式的意义,并奠定了进一步国际比较的基础。同时,史秋衡教授将研究重点放在量表设计和调查上,经过对国内外相关研究的理论和文献分析,结合我国的实际情况,经过多轮的师生访谈及问卷修订,最终形成了具有良好信效度的调查问卷。2011 至 2015 年连续进行了五年的全国大范围大学生学习情况调查,五年间全国共计 200 余所高校参与和支持了调查,共计 40 余万人次大学生参与了调查,调查不仅在国内取得了良好的声誉,获得了越来越多的学校认可,也为国务院、教育部等政府部门提供了有效的政策咨询报告。值得特别关注的是,史秋衡教授所主持的大学生学情调查和相关研究一直在持续,大学生学情调查数据库不断在扩容中,其数据价值不可估量。在国际交流的过程中,还获得了英国剑桥大学、英国伦敦大学、美国哥伦比亚大学、美国加州大学洛杉矶分校、美国威斯康星大学麦迪逊分校、德国洪堡大学相关领域专家的认可,为进一步的国际合作和交流奠定了良好的基础。

(三)大学生学习规律:国家大学生学情大数据的研究发现

　　在对数据进行科学分析的基础上,得出有关大学生发展和成长的重要研究发现,例如:我国大学生朋辈关系尤其是室友关系的重要价值;我国本科学生发展的马尔可夫链成长规律;我国大学生学习观并不是单纯的记忆知识或者应用知识,而是树立了一种记忆知识基础上的应用知识的学习观;大学生体验的课堂学习环境较为正面,比较强调学生主体教学方式和良好的同伴关系;在内在学习动机和外在学习动机中,我国大学生更偏向内在学习动机,并倾向于采取主动思考的学习策略,因此我国大学生总体而言较为偏向采取深层学习策略;从学习收获来看,我国大学生的通用学习收获和专业学习收获均较大;在大学生学习满意度方面,我国大学生对人际关系和教师教学的满意度更高。在学习过程对学习结果的影响方面,研究结果显示:在不同背景因素下,大学生学习过程对学习成绩的影响都介于 9.5% ～ 12.7% 之间;对总体学习收获的影响介于 28.9% ～ 37.1% 之间;对总体学习满意度的收获介于 13% ～ 21.2% 之间;其中,良好的同伴关系对学生学习成绩、学生总体学习收获的影响最大,而学生主体的教学方式对学生总体学习满意度影响最大。有鉴于此,应当进一步转变大学生的学习观,增强大学生深层学习方式的倾向,转变大学生学习方式,强化大学生多维学习体验,进一步提升教师教学能力,促进师生多维互动,借鉴国际先进经验,持续实施大学生学习情况调查,监控大学生学习质量,以进一步提升高等教育质量。

(四)扎根中国大地:具有自主知识产权的国家大学生学情调查研究

以"国家大学生学情调查研究"为基础,史秋衡教授及其研究团队在理论和实践层面均取得了丰硕的成果。在理论层面,首次系统深入地研究了大学生学习情况的方方面面,包括学习观、学习方式、课堂学习体验、学习力、学习投入、学习收获、学习满意度等大学生学习情况的直接表征,大学生学习适应、大学生压力应对等大学生学习支持的心理系统。与此同时,构建了学习观、学习方式、课堂体验、学习收获之间关系的理论模型,奠定了"国家大学生学情调查研究"的核心,为提升我国大学生学习质量、高等教育质量提供了有力的抓手。史秋衡教授在研究过程中,不仅仅关注大学生的学习情况,更关注大学生的心理支持系统,指向以人为本的高等教育,实现培养大学生成为"完人"作为高等教育的终极指向。在实践层面,以"国家大学生学习情况问卷调查系统"为平台,从 2011 年持续至今对全国不同地区和不同层次类型院校学生开展严谨、规范的调查,与全国众多高校建立长期稳定的学生学习情况调查合作。这一方面为国家教育决策提供了有效的支撑,研究成果先后为新华社最高等级内参《国内动态清样》、教育部科技司、教育部发展规划司、教育部高等教育教学评估中心等采用,并被安排在北京大学、清华大学、北京师范大学、国家教育行政学院、德国哥廷根大学、美国托莱多大学等许多高校及国内外学术研讨会上宣讲;另一方面也为高校的改革实践提供了有力的抓手,每年向协作校反馈的调研报告受到各个协作校的一致好评,也因此与协作校建立了长期的友好合作关系。

总体而言,史秋衡教授和其研究团队达到预期目标:梳理了大学生学习的相关理论,自主设计了具有良好信效度、符合我国大学生身心发展实际情况、具有国际可比性的"国家大学生学习情况调查问卷",获得了大学生学习情况的第一手数据并通过质性访谈深入理解了这些数据背后的含义,建构了大学生学习质量模型,为国家高等教育质量提升和高校内涵发展提供了有效的抓手。大学生学情调查研究未来还将长期持续下去，以第一手的数据、科学严谨的分析为我国高等教育质量的提升提供咨询建议。一直以来，在大学生学情大型数据库基础上形成的院校大学生学习情况调查报告向200 余所协作校发布了大学生学情调查协作校年度报告，其中华南理工大学、厦门大学等"985 工程"大学，中国石油大学、对外经济贸易大学等"211工程"大学和云南农业大学、中国计量学院等一般本科院校专函证明采纳，成为院校分析大学生学习质量的主要依据，成为高校质量建设的重要参考。

（五）大学生学情调查：政府咨询与学术成果

史秋衡教授及其研究团队在大学生学习情况研究领域取得重要学术影响。专著《大学生学习情况调查研究》是在具有自主知识产权的调查问卷、五年全国连续调研形成大型研究数据库以及中期科研成果的基础上写作而成。在该专著的总设计基础上，形成了十余个方向的博士学位论文中期专项研究成果，以及数篇具有影响力的咨询报告，并建立了国家大学生学习情况的大型研究数据库。该专著所依托的大型数据库连续五年为我国 200 余所高校大学生学习情况分析提供动态数据支撑。此外，还建立 2013 年度巴基斯坦大学生满意度调查数据库，形成广泛国际影响。史秋衡教授关于"大学生家庭所在地城乡比例研究"——基于《国家大学生学习情况调查研究》的实证分析的观点于 2011 年被新华社最高等级内参《国内动态清样》全文采纳，该内参报送中央委员，据新华社反馈对其后国家出台的重大政策产生显著影响。史秋衡教授关于大学生学习调查研究的重要观点曾作为 2012年美国哥伦比亚大学师范学院国际会议报告，作为德国哥廷根大学客座教授讲座，作为托莱多大学国际会议报告，获得了国际上相关领域专家的认可，为进一步的国际合作和交流奠定了良好的基础，具有广泛的国际影响力。此外，史秋衡教授 2012 年应邀到北京大学教育学院，为该院师生做了题为"中国大学生学习力状态研究"的讲座报告。

史秋衡教授的研究成果理论研究基础和调查基础扎实，具有良好的社会反响和资政成效。2012 年 12 月，教育部原副部长李卫红在听取了史秋衡教授汇报大学生学习情况调查研究数据库建设后，当场给予很高评价，厦门大学社科处反馈也予以证实。"大学生学习情况调查研究"聚焦大学生主体视角下的教育质量，成为教育部科技司 2013 年 3 月"教育质量的内涵及评价"咨询讲座的核心内容之一，受到多位领导肯定并进行热烈的互动研讨，被全部采纳，并被司长建议长期跟踪研讨，产生广泛影响。于 2013 年受国家教育行政学院邀请，以此为主题为该院 43 期进修班学员作学术讲座，产生了积极的反响。2015 年 5 月受邀到教育部高等教育教学评估中心，就专著中"学生和社会用人单位满意度是反映高等教育人才培养质量的核心要素"等主题进行研讨，获得充分肯定。该评估中心专函厦门大学邀请史秋衡教授作主持，开展国家"双满意度"调查方案的合作研制及全国试测。与此同时，应国家教育行政学院邀请，专著《大学生学习情况调查研究》中期成果成为全国高校管理干部进行"大学生学情特点及大学质量提升"录制讲座的重要内容，报告建立在大规模数据的基础上，论据充分，专业理论研究和核心学术观点受到各方领导肯定，受到全国高校管理干部的积极回应。

史秋衡教授的研究成果之一"我国大学生学情状态与影响机制的实证研究"发表于 2012 年 2 期《教育研究》。史秋衡教授指导杨院的博士学位论文《我国大学生学习方式研究——基于学习观与课堂学习环境的探讨》，获得中国高等教育学会第九届"高等教育学"优秀博士学位论文；文静的博士学位论文《我国大学生学习满意度研究》获得第十届"高等教育学"优秀博士学位论文提名奖，史秋衡教授于 2015 年 5 月获教育部高等教育教学评估中心邀请开展合作研究，该研究成果获得了一致好评和现场热烈的研讨。

总之，史秋衡教授及其研究团队始终坚持回归学生主体价值，致力于高等教育质量与大学生学情研究两个重要领域，取得了一系列丰硕的研究成果。未来，在史秋衡教授的带领下，高等教育质量以及大学生学情研究领域将持续开展更多创新性和前沿性的学术研究。

全国高校分类设置设计研究：
把握国家政策重大议题的时机

史秋衡

全国高校分类设置设计研究是立足扎实理论、采用科学规范方法、开展广泛深入调研、建基在大规模高校数据、紧跟政策动向的政策研究和政策设计。教育部发展规划司关于《"高等学校分类体系及其设置标准研究"项目结项咨询成果采纳证明》从侧面印证了研究持续四年多的艰辛进程和研究成效。该证明充分表明了研究"关乎我国高等教育结构的整体设计，问题复杂、涉及面广、政策要求高、研究难度大"的研究强度和难度；大力肯定研究"有关高校分类体系研究成果，为我部制定高校分类设置政策提供了建设性意见和建议，并被吸收到《教育部关于"十三五"时期高等学校设置工作的意见》中"的攻关成效；"下一步，我们将继续吸收项目组提供后续相关研究支撑"，也体现了研究的可持续价值。

一、"全国高校分类设置设计"研究背景、意义及理论基础

（一）研究背景：我国高校分类体系建设的现状与问题

第一，高校分类体系建设时机成熟。经济、产业结构的不断优化调整对高等教育培养的人才结构提出了多样化的要求，单一的人才培养模式已不再适应社会发展需要。社会发展需要不同类型人才，而不同类型人才的培

养要依靠高校的不同定位与人才培养目标的差异化发展。与此同时,在院校具体的办学实践过程中,领导层和管理层也结合自身院校发展实际,在社会经济发展的时代大背景下,立足地方产业结构和历史文化传统,探索最适合自身院校发展的内生逻辑,面对发展过程中的各自问题也迫切需要高校分类体系的指导。

第二,千校一路的发展模式造成了高校更名热、升格热。在我国高等教育事业的发展过程中,已经形成了多种高校分类方式,并且理论界一直对这个问题较为关注,但未能解决长期困扰和制约高校分类、多维、特色、质量上的根本问题,也制约了优质资源的优化配置。最突出的表现则是"千校一路"的发展模式。"学校发展定位不清楚,在教育部的指挥棒的作用下,大多强调专升本,进一步获得博士点和硕士点",更使得各类学校都奋力挤入升格、更名的"热潮",因而难免陷入媒体炒作的风口浪尖,饱受舆论压力,且更多高校望洋兴叹、举步维艰。现在社会上对高校的分类,像分为科研型、科研教学型、教学科研型、教学型,但在实际上这是一种层次而不是类型,大家都觉得科研型层次高,都追求升格。

(二)课题的研究意义和价值

"全面提高高等教育质量"是我国高等教育的本质要求,当前我国高等教育的发展已经从注重量的增加转向注重质的提升。《国家中长期教育改革和发展规划纲要(2010－2020 年)》明确指出到 2020 年我国高等教育的发展目标是提升质量。在多样化质量观的指导下,高等学校分类发展已经成为高等教育质量提升的重要抓手。《国家中长期教育改革和发展规划纲要(2010－2020 年)》提出高等教育应当优化结构,应当建立高校分类体系,实行分类管理,以促进高校在不同层次、不同领域办出特色;《中共中央关于全面深化改革若干重大问题的决定》指出应当"加快现代职业教育体系建设,深化产教融合、校企合作,培养高素质劳动者和技能型人才。创新高校人才培养机制,促进高校办出特色争创一流"。从宏观政策来看,当前高校分类以"政府支持"为主要类型。在本科层次中,分为"一流大学和一流学科"(包括"2011 工程""985 工程""211 工程""优势学科创新平台"和"特色重点学科项目")和地方本科院校(启动和实施国家和省级改革试点,引导一批本科高校向应用技术类高校转型);在高职层次中,分为"骨干校""示范校"和一般高职院校。此外,高校分类还辅以隶属关系(教育部直属和地方院校)和学科(综合大学、理工、农业、医药、体育、财经、艺术、师范等)。

任何伟大的社会实践,都缺少不了正确的理论作先导。习近平总书记指出"坚定实施科教兴国战略,始终把教育摆在优先发展的战略位置,不断扩大投入,努力发展全民教育、终身教育,建设学习型社会",高等教育作为全民教育、终身教育的重要组成部分,我国各级各类高等学校承担着完成"立德树人"历史使命和光荣任务。鉴于此,国家顶层决策选择了"高等学校分类体系及设置标准"作为国家招投标的教育部哲学社会科学研究重大攻关课题,课题组努力应标,并致力于理顺我国高等学校的分类,建立一套辐射范围全、受益面积广且层级、类别明确的分类体系,并构建我国不同类型高等学校的设置标准。运用高等教育学、管理学、社会学等学科及相关研究领域的理论,分析我国高等学校的分类现实、进行分类的原因、分类的依据以及设置的标准,从而构建一套既能体现我国国情,又能达成世界共识的分类体系,更大程度地发挥高等学校在学习型社会建设中的地位和作用。研究的重要学术价值和应用价值体现在以下方面:

其一,建立我国高等学校立体化的分类体系,解决大学章程制定中遇到的瓶颈,完善我国现代大学制度。建立现代大学制度是深化高等教育综合改革的核心工作,分类设计不同高校的大学章程意义重大。作为重大攻关项目的研究课题,紧抓理论发展和现实问题这个契机,通过全国范围内的调查研究、通过世界范围内的分析比对,构建出具有学理性、操作性和公信力的高等学校分类体系;根据分类体系拟定设置标准,健全各级各类高等学校的准入机制和质量标准,解决分类体系这个全国性难题,从而有力推动我国现代大学制度的建立健全。

其二,完善不同类型高校的准入机制、质量标准和退出机制,进一步理顺高等学校与社会、经济等各方面的关系。当前我国正处于全面建成小康社会的重要阶段,当前社会的主要矛盾已经转化为人民日益增长的美好生活需要和不平衡不充分的发展之间的矛盾,如何适应经济社会多样化发展需要已成当务之急。在后大众化的时代背景下,"走出象牙塔"已是高等学校和社会大系统保持紧密联系的精髓所在。目前,劳动力市场的发展对人才的结构、类型和层次提出了更进一步的需求,也敦促高等学校在人才培养方面改革的深化，使得高等学校要促进社会高质量发展，理清各类型高校的工作重点和发展特色。因此，研究高等学校的分类体系、制定各类别高等学校的设置标准，体现着高等教育与社会、经济等各方面主动适应的本质，但更重要的是通过各级各类高等学校合理定位、各安其位，贯通高等学校与社会、经济等方面良性互动的体系结构，打开高等学校和社会各领域的对接通道，切实保障高等学校系统在社会大系统之中的健康、可持续发展。

其三，促成高等院校自发的多样化发展，全面提升高等教育质量。全面提高高等教育质量的总体要求，进行特色化发展、完善体系建设。为此，研究构建体现不同类型高校办学特点的可操作性的分类体系，并在分类的基础上提出分类设置标准，以缓解对多样化高等教育需求与高校同质化发展的矛盾，从而有效促进高等院校办学质量的提高，达到全面提高高等教育质量的终极目标。

其四，实现高等学校分类研究、高等学校设置标准理论的深入与突破。因此，高等学校分类体系与设置标准的研究成果，是综合运用各门学科理论研究的成果，以现实问题作为研究对象，在解决我国高等学校分类体系建构和设置标准拟定这样一个难题的同时，推动该方面理论的深入，形成在高校分类体系和设置标准方面关键性的突破。将高等学校分类体系、设置标准所涉及的相关理论，通过对现实问题的研究、对未来问题的预警而实现理论方面的有效深入，提升该领域理论的有效性、适用性和前瞻性，并及时提出新的理论主张和相关见解。

其五，提升现有的理论研究与国家重大政策的结合水平，促进学科交叉攻关。研究汇聚高等教育学、管理学、社会学、系统科学等不同学科的理论基础和研究力量，实行跨学科的协作，发挥了不同学科的优势和长处，构建更加广泛视野研究的高等学校的分类体系，利用各学科之所长解决高等学校设置标准的疑难，从更广的学术发展脉络来分析和看待中国高等学校分类体系与设置标准的现实问题，实现学科间的协同创新。整个研究过程都密切与教育部相关行政部门进行合作，实现了理论研究与对策研究的紧密结合，既避免了以往研究中存在的理论与实践相脱节的问题，又为理论的发展注入活力。

其六,解决我国高等教育结构调整的现实诉求。当前,我国高等教育发展思路已经从规模扩张和空间扩展为特征的外延式发展转向以质量提高和结构优化为核心的内涵式发展。在此背景之下,高校分类和高校分类设置的制度设计可以优化高等教育结构,健全高等教育体系,引导不通过类型高校科学合理定位、面向社会自主特色办学,促进高等教育的内涵式发展、进一步推进高校分类综合改革的深化,提高高等教育质量,促进高等教育公平。

(三)高校分类设置设计研究的理论依据

高校分类理论基础已经基本成熟。研究充分结合人才培养规律、联合国教科文组织教育标准分类、博耶学术四分法与高等学校职能论而展开设计。人才分类培养规律是我国高等教育长期面向社会办学的经验总结,联合国教科文组织教育标准分类和博耶的学术水平四分法是国际发展经验而形成的学术分类理念框架,高等学校职能论是当前世界发达国家院校分类改革的主流行为准则和创新型国家的支柱准则。教育内外部关系规律揭示教育的本质关系,高等学校分类发展关系到人才分类培养规格和院校职能结构组合。博耶提出的学术水平、综合的学术水平、运用的学术水平、教学的学术水平这四种学术水平。承认学术内涵的多样性,有利于不同类型高校采用不同质量标准,选择与之相匹配的人才分类结构与学术分类结构作为办学定位,是高校实现特色发展的重要方法。高校职能是高校共同的职责,不同办学定位的高校履行职能的重心各自不同,同一职能的性质也可以不同。因此,应根据高校多样的职能结构性选择,进行立体化的高等学校分类体系设计。

无论是美国的高等教育平滑式大众化发展轨迹,还是欧洲英、法、德等国的高等教育突变式发展轨迹,都体现了学生、家长、高校、雇主等利益相关主体的选择增多,对人才的需求、期望的多样化程度大幅提升。国别之间的异同更需要我们关注国情特点与国际共性。进入高等教育大国阶段以来,高等学校的人才培养理念发生本质转变,归结起来包括应对创新型国家建设、符合高等教育的基本规格、契合区域社会经济需求、促进地区的学习型社会建构,同时提升人的素养已然转型走向高教强国的愿景阶段。确立新的分类体系,正是要引导不同类型的院校在各自的轨道中落实人才培养的特殊性、科学研究的针对性。服务社会的适切性、院校管理的规范性，只有这样，才能在不同类型高校的发展侧重点上有重大突破和成就。

高校分类的国际经验也在不断丰富。美国卡内基教学促进基金会较早对高校分类进行系统研究，从早期版本的等级分层，到最新版本的服务多类，再到 2015 年高校分类发展的学术版和行政版分野，其分类对各国高校分类研究的影响力深远且持久。欧盟的"大学地图"（U－MAP）借鉴美国卡内基分类的原则和方法，逐步将欧洲高等教育机构的分类信息收录进"大学地图"数据库。该分类根据大学的基本活动制定纵横相结合的理论基础，充分关注高等教育利益主体的多样性。日本文部科学省于 2016 年在国立大学法人化改革第三个六年（2016 年至 2021 年）中期计划中提出以"世界卓越、特色优秀、地域贡献"三组类型划分，对 86 所国立大学的功能定位进行了重新规划，明确各国立大学在今后发展中重点瞄准三个方向：世界性教研据点，负责世界尖端科研创新；全国性教研据点，负责开展全国顶尖的科研活动和与世界接轨的特色教学活动；地域发展核心据点，负责培养适应地方需求的人才，解决地方发展的课题。

二、全国高校分类设置设计研究的主要内容

研究是教育部哲学社会科学研究重大课题攻关项目"高等学校分类体系及其设置标准研究"以及教育部发展规划司委托研究的成果，采用深度访谈法、问卷调查法和案例分析法等多重研究方法，对我国高校分类发展与设置的内外部形势进行了深入剖析。

（一）基于调研的实证研究方法及课题研究主要过程

构建高等学校分类体系以指导高等学校多样化和有序化发展，已经成为国际高等教育发展的迫切要求。为了更加科学合理地进行我国高等学校结构和布局的调整，2014 年教育部将"高等学校分类体系及其设置标准研究"列入"教育部哲学社会科学重大课题攻关项目"。通过全国公开招标，史秋衡教授成为该项目的首席专家和主持人。项目立项之后获得了教育部发展规划司和国家教育行政学院等单位的大力支持。为了更好地进行课题研究,课题组进行了历时 13 个月的课题调研和数据收集工作。在教育部发展规划司和科技司的大力协调下,课题组对各级教育行政管理部门、各级高校及协创中心进行了实地调研,获得了我国相关发展数据。与国家教育行政学院等单位建立合作关系,先后抽样访谈了各类高校领导及若干高教管理研究专家。全国上百所本科高校的领导及学科带头人还专门反馈了课题组的问卷调查。史秋衡教授自 2014 年 10 月开始,带领课题组对全国 100 多所高校协作校,3 个省或直辖市教育厅(委)进行调研,与在国家教育行政学院学习的本科、高职院校的 50 余位书记、校/院长和多位高等教育管理研究专家进行讨论,最终建立了"高等学校分类体系及其设置标准"实证研究数据库。研究集思广益,最终建立在扎实而丰富的实证数据基础之上。

(二)我国高校分类设置管理的逻辑进程与制度建构[①]

我国高校分类设置管理是逐步制度化的过程。1978 年以来,高校分类设置管理的发展过程处于不断明晰过程之中。在依法治校层面上有以下几大重要进程:1980 年《中华人民共和国学位条例》建立了高校内部教育标准分类:学士、硕士、博士三级学位制度。1986 年《普通高等学校设置暂行条例》规定大学及学院、高等专科学校及高等职业学校设置管理的合格标准,初步形成以底线为主的高校设置管理制度。1999 年《中华人民共和国高等教育法》颁布,提出要根据不同类型、不同层次高等学校的实际,推进高等教育体制改革和教学改革。2000 年,《高等职业学校设置标准(暂行)》对高等职业学校院校长、德育工作者、教师队伍、土地校舍、实习实训场所、教学仪器设备等设置了标准。随即,2002 年通过、2013 年和 2016 年修正了《中华人民共和国民办教育促进法》,将民办高校和公办高校的设置标准相统一,列明申请筹设和正式设立民办学校的程序,以及举办者需要向审批机关提交的材料。2008 年《独立学院设置与管理办法》统一独立学院和公办学院的设置标准,规定"独立学院的设置标准参照普通本科高等学校的设置标准执行"。

---

① 史秋衡,康敏.我国高校分类设置管理的逻辑进程与制度建构[J].厦门大学学报:哲学社会科学版,2017(6).

新世纪以来，我国对不同类型和层次的新设高校设置标准和存量高校
质量标准的分类管理导向更加明确。2004 年《教育部关于印发〈普通高等
学校基本办学条件指标（试行）〉的通知》规定本、专科的基本办学条件指标。
2013 年《关于完善本科学校设置工作的指导性意见》规定新设本科学校的
设置标准和程序。高校设置制度在不断细化与完善，不同类型高校的定位
要求和设置标准也在分化。

2017 年首次明确提出我国高校分类体系，成为高校分类设置管理的前
提。年初《教育部关于"十三五"时期高等学校设置工作的意见》出台，提出
"以人才培养定位为基础，我国高等教育总体上可分为研究型、应用型和职
业技能型三大类型"，至此，高校分类设置制度完成了结构性布局，并以省域
高校设置规划评议与高校分类设置评议并重。

总结来看，我国高校分类设置管理制度化进程体现了以下主要特征：传
统性与现代性相融，制度刚性与管理弹性相济，稳定性与图新性相结合。传
统性是指对高校分类设置宏观管理的继承与发展。政府在高等教育管理上
的简政放权，国家和省政府在高校分类设置审批权上实行分权。依法治教、
依法进行分类设置管理，相继出台政策文本，并不断突出高校主体地位，基
于广泛的实地调研和高校办学数据进行统计分析，是其现代性的表现。以
政策、法律形式确立，以高校设置委员会做建制组织，都体现出分类发展的
制度刚性，但在院校的教学、科研水平方面均采用非量化的标准，可以保障
学校自主办学权利。高校设置评议委员会以专家评议的形式为高校设置提
供咨询也是制度刚性和管理弹性相结合的表现。在高校设置上存在一些不
可逾越的必要条件，省政府和国家教育性质部门权责清晰，形成稳定的高校
分类设置审批程序。同时，不同发展阶段下对学校设置的学生数量、专任教
师学历层次和结构上都有细微的变动，体现了高校设置稳定性和图新性相
结合的特征。

我国高校分类设置管理制度当前的设计进程应当建立在以深改促导
向，以固本促基础，以评议促标准，以监管促绩效的四维向度之上。高校进
行综合改革，从内部治理结构改革凸显办学特色和提升办学质量，是推动高
校分类设置管理目标实现的内在动力。坚持依法治教理念、依法依规进行
高校分类设置管理是我国高等教育现代化建设的根基和保障，依靠行政力
量进行高校分类设置宏观管理是我国高等教育发展传统和依法行政的体现

和要求。建立和完善专家咨询评议建制,专业化力量运用科学的研究方法和规范参与高校分类设置管理的制度设计,是提升我国高校分类设置管理水平的需要和趋势。重点高校和特色重点学科项目建设是反映政府监管、专家权威和社会评价作用的一种绩效,我国高校分类设置管理的层级和类型划分也随之深化,并提升高校办学质量。

(三)我国高校分类设置设计研究成果及分析

一方面,史秋衡教授研究团队对该研究主题进行了夯实攻关,建立"高等学校分类体系及其设置标准"实证研究数据库,并结合教育部规划司、财务司、高教司和科技司提供的相关数据,进行了深入的理论挖掘和观点提炼,总结我国高校分类、设置及发展的成效及问题,提出针对性的建议。先后进行了高等学校分类体系及其设置标准研究相关主题汇报和提交系列咨询报告。另一方面,史秋衡教授研究团队在大量调研的基础上,全程协助构建我国高等教育分类体系,协助修订 1986 年《普通高等学校设置暂行条例》,协助制定我国高校分类设置标准,协助开展面向全国各省级教育行政部门和全国普通高校对高校分类体系及各类型高校核心特点的意见调查。

在专著方面,2016 年 6 月,史秋衡教授所著的《国家高校分类体系及其设置标准实证研究》一书由科学出版社正式出版,该书为教育部重大课题攻关项目的主要成果。专著在八十余万字的研究数据基础上梳理而成,主要是对深度访谈和案例材料进行定性研究。从实证角度出发,系统阐述了中国高等学校分类的逻辑起点、现实依据和理想走向,分析了中国高校设置标准修订的时代背景、路径选择,结合不同类型高等学校的办学实践,提出了我国高等学校分类及其设置标准的政策建议。[①]

史秋衡教授及其研究团队的研究成果,特别是高校分类是高校设置的基础、高校分类设置理念、高校设置标准的底线和边界思想、高校分类设置的契约观,从理念到实践、从制度设计到具体标准,分析逻辑与数据来源科学合理,针对性及可操作性强,为进一步深化"十三五"时期以及未来高校分

---

① 史秋衡.国家高校分类体系及其设置标准实证研究[M].北京:科学出版社,2016.

类体系与高校分类设置标准的改革提供坚实有力的实证数据基础和发展战略咨询。

高校分类体系的建立是一项牵一发而动全身的全局性工作，也是一个研究与实践交替前行的不断完善的过程，离不开国家、地方和高校的合力作用。基于高校分类体系的丰硕理论基础、厚重实践经验和国家政研结合的大规模调研结果，课题组建议国家顶层指导性框架按高校研究型、应用型、职业技能型分类发展，根据地方经济社会人力发展水平制定差异化分区政策及实施省级统筹的高校分类体系，以适应高校管、办、评、研、选、用的不同需要。

建立高校分类体系才能进行高水平分类设置管理。首先，高校分类发展是高校主动适应人才分类需求的有力体现，是高等教育结构化的内在保障，是推动高校分类设置的前提条件，是实现分类的充分条件。其次，建立高校分类体系关键在于形成国家、地方和高校的合力。高校分类亟须国家顶层政策进行系统性引导，同时，省级政府高校分类资源配置需求在增强，高校自主办学意识显著提高。再次，建立高校分类体系来源于理论基础及实践经验优化。高校分类理论已经基本成熟，充分结合了人才培养规律、联合国教科文组织教育标准分类、博耶学术四分法与高等学校职能论展开设计。高校分类的国内特色日趋形成。我国学者主要从人才培养的规格和规律、高等学校职能等理论基础进行高校类、型、层划分的研究。我国一些省份和地区出台的高校分类管理方案也体现了高校职能，采用人才培养结构、学科覆盖面、科学研究差异等作为高校分类的标准。

1. 立足我国高校发展实际情况的高校分类体系构建①

在各级教育行政部门的支持下，课题组对全国百多所高校、各省或直辖市教育厅（委）和上百位高校领导、高校分类研究专家进行调研，最终建立了"高等学校分类体系及其设置标准"实证研究数据库，通过教育部全国高校统计相关数据库进行测算，充分吸纳其他多个课题组的研究结果，为进一步深化高等学校分类体系与相应设置标准的改革提供坚实有力的实证数据支

129

① 史秋衡，康敏.探索我国高等学校分类体系设计[J].中国高等教育，2017(2).

撑和顶层设计咨询。实证结果与工作研讨意见表明,全国高校主要可分为三大类或四大类,各有利弊,同时也存在其他正在产生的若干小类。在不断地实证调研与工作研讨中,各方广泛认同中央政策现状,形成按照人才培养类型分类为主的思路,并逐步慎重确立国家层面高校分为研究型、应用型、职业技能型三种类型的共识。

通过实证调研数据分析和在此基础上的工作研讨,形成国家层面研究型高等学校、应用型高等学校和职业技能型学校三种类型高等学校并行的发展格局,是我国高等学校分类研究团队和各级教育行政部门根据国家和地区经济社会人力发展新常态。研究型高等学校以重大基础研究和高校科技研究为主,紧密相关于国家战略任务;应用型高等学校服务国家急需与地方经济社会转型升级,相关于未来发展、应用研究、科技融合、地方对接、产业协同、行业联动;职业技能型高等学校满足最广大人民多样化教育基本需求和职业发展需要,对接地方生产、管理,服务一线需要。

2. 建立高校分类体系的指导原则作为资政应用依据①

根据我国高等学校发展现状和国际高等教育发展经验,以"存量为主、兼顾增量""国家指导、省级统筹""按地区经济社会人力发展水平制定差异化高等学校分类政策"为原则,建立中央指导性与地方规定性相结合的高等学校国家三大类、分区域多路径发展的分类体系,在多样中求质量,在稳定中求发展。此研究结果为教育部出台《关于"十三五"时期高等学校设置工作的意见》提供了一定的参考。

我国高等学校分类设计可按照综合经济水平分三类地区进行探索。在高等学校国家层面三大类指导框架下,经济发展水平一类地区可较为自主地探索多元分类体系或四类体系;经济发展水平二类地区在建设好研究型、应用型、职业技能型高等学校的基础上,可探索推进四类体系或者多类体系;经济发展水平三类地区重点引导好研究型、应用型、职业技能型三种类型高等学校发展,有条件省份可以探索四类体系。其中,国家研究型高等学校和地方研究型高等学校的关系需要加以说明。研究型、应用型和职业技能型三种高等学校是国家层面的高等学校类型,各省在国家三类高等学校

---

① 史秋衡,康敏.探索我国高等学校分类体系设计[J].中国高等教育,2017(2).

框架下,也可根据高等学校发展情况设置地方重点高等学校。地方统筹高等学校既包括符合国家研究型高等学校标准的高等学校,也包括根据高等学校发展情况和地区发展需要划分的重点高等学校。

四分类体系主要包括:一是基础研究型高校,各项活动围绕国际重大创新进行,注重探索未知,面向未来,科教融合创新;学位授予层次包括本、硕、博,研究生数量所占比例较高。博士在校生数占研究生在校生数比例较高。二是应用研究型高校,学校组织架构以专业群为主,围绕区域或行业产业链展开,学位授予层次主要包括本科、硕士和少量博士,专业硕士学位授予人数所占比例适度。三是应用技术型高校,这类高校服务区域技术技能创新,通过实践教学进行实践人才培养。学位授予层次主要为本科,可授予专业硕士。四是职业技能型高校。

与之相对应的是,基于课题组调研分析和研究成果,2017 年 1 月 25 日教育部发布《关于“十三五”时期高等学校设置工作的意见》(以下简称《意见》),基本吸收了课题组关于高等教育分类的思路主张和基本原则。《意见》指出,“十三五”期间,高等学校设置工作所面临的新的形势主要是,高等教育将从大众化阶段向普及化阶段迈进,同时又呈现出高等教育学龄人口数量总体下行、局部上升的不均衡态势,需要高等教育的类型更加多样,质量更加提高,布局结构进一步优化。高等学校设置工作还存在需要改进的问题:(1)国家层面需要完善分类设置标准的顶层设计,在做好高等学校设置事前审批的同时,加强事中事后的监管评价;(2)一些地方对高等学校设置规划论证较为粗放,对存量高等学校与增量高等学校的综合分析不够深入,缺乏增强存量高等学校办学实力、提高办学水平的有力举措,在增设高等学校类型和数量方面与经济社会发展需求和财政支撑能力之间衔接力度有待加强,规划执行的严肃性有待提高;(3)一些高等学校定位不清,热衷于层次提升或更名,盲目增设学科专业,办学特色弱化,同质化倾向明显。

在全面贯彻党的十八大和十八届三中、四中、五中、六中全会精神,深入学习贯彻习近平总书记系列重要讲话精神和治国理政理念新思想新战略的背景下,以全面提高高等教育质量为主题,以优化高等教育结构为主线,以人才培养定位为基础建立高等教育分类体系,研究探索分类设置制度,引导高等学校科学定位、各安其位、内涵发展、办出特色,全面提升高等教育人才培养、科学研究、社会服务和文化传承创新整体水平。"十三五"时期高等学校设置工作的基本指导原则包括：(1)科学规划,分类发展。依据高等教育事业发展目标,统筹好规模与结构、需求与条件、存量与增量的关系。探索建立高等教育分类体系,推动高等学校多样化办学、特色化发展。(2)优化存量,做优增量。深入分析存量高等教育资源的总量、结构和条件,在推动存量高等学校结构调整和质量提升的前提下,根据优化结构、补充短板的原则科学制定增量高等学校设置方案,全面提高高等教育办学实力和整体水平。(3)省级统筹,分区指导。完善两级管理、以省级人民政府为主管理高等教育的体制,强化省级人民政府在推动高等教育分类管理和投入保障等方面的责任。教育部将根据区域间经济社会发展水平和人口结构、财政能力等差异因素,加强分区指导,推动高等教育协调发展。(4)公开透明,规范严格。大力加强高等学校设置全过程信息公开,保障有关各方的知情权和监督权。进一步完善政府监管和社会评价机制,推进监管和评价结果公开。严格执行高等学校设置的程序和标准,确保高等学校设置工作公平公正。

3.高校分类体系的持续研究跟进深化教育体制机制改革

根据访谈和数据分析的结果,课题组提出了高等学校分类体系与设置标准的新内涵、新目标和新任务,进而对高等学校分类体系与设置标准的重构提出了相关的对策与建议:以引导高校由千校一路向三路发展作为近期目标;以构建多维度多指标的四路分类体系作为中长期目标;建立指导性为主规定性为辅的高校分类体系;建立中央和省两级高校分类体系,兼顾公平与效率之间的平衡;高校设置需要进一步明晰权责关系,适应社会发展;设定基线规范高等学校设置;建立有效的监督和问责机制。

在史秋衡课题组持续提出高校分类体系建设对策与建议的同时,2017年9月24日中共中央办公厅、国务院办公厅印发《关于深化教育体制机制改革的意见》(以下简称《意见》),并发出通知,要求各地区各部分结合实际认真贯彻落实。《意见》指出,要健全促进高等教育内涵发展的体制机制。强调要创新人才培养机制。高等学校要把人才培养作为中心工作,全面提高人才培养能力。不同类型的高等学校要探索适应自身特点的培养模式,着重培养适应社会需要的创新型、复合型、应用型人才。要改进高等教育管理方式,研究制定高等学校分类设置标准,制定分类管理方法,促进高等学校科学定位、差异化发展,统筹推进世界一流大学和一流学科建设。

第一，建立指导性而非规定性的高校分类体系。调研中受访院校领导们认为，高校分类的基础，已经从过去"行政统一指令性"，演变到"市场需求多样性"。意味着现阶段高等学校分类，不再是完全根据教育部的指令，而更多的是立足所在地社会发展、经济建设的需要，并且高校社会职能的发挥，也是根据当地社会所需。我国高等学校已经在试图摆脱过去计划体制的束缚，更愿意尝试市场体制下的办学模式。

第二，引导高校发展模式由千校一路转变为千校多路。高校分类应当是一种多元化的分类体系，应当形成一个多维度、多指标的多元分类体系。不同的高校在不同的条目上有所突出，形成百花齐放的局面。"政府通过多样化的评价体系，形成多样化的资助，而避免大一统和同质化倾向。"

从分类原则来看，校长们主要呈现两种观点，分别为按照人才培养类型分类和按照高校四大职能分类。按照人才培养类型分类，本科校长倾向于分为研究型、应用型、职业型三种类型，高职校长倾向于分为学术型和应用型两种类型。按照高校四大职能分类，将人才培养、科学研究、社会服务、文化引领四个职能进一步细分。新的分类体系，正是要引导不同类型的院校在各自的轨道中落实人才培养的特殊性、科学研究的针对性、服务社会的适切性、院校管理的科学性，使得我们的各类高校能够更好地发挥在学习型社会、终身教育体系以及经济建设中的引领作用。因此，作为描述性的高校分类体系应当是一个多维的、立体的多样化分类体系，引导高校多样化发展，从千校一路转向千校多路。

第三，高校重点建设政策需要把握公平与效率之间的平衡。高等教育大众化进程以来，对高校的重点投入与建设，成效固然斐然，但也暴露出资源投入不均的问题，省部、省域之间不平衡的矛盾凸显，公平与效率形成新一轮的博弈。"985、211是国家投资形成的，是国家重点建设的，资源肯定是不一样的，要好得多，实际上国家已经在分类了。地方学校在资源上已经拉开差距了"，由此拉大了国家、省、市之间的差距。而部分经济发达的省份，已经开始利用经济杠杆，试图建设省属特征的高水平大学，但却暴露出更多需求与路径不匹配的问题，发展心切却急于求成。

第四，高校设置需要进一步明晰权责关系和适应社会发展。在高校设置方面,《普通高等学校设置暂行条例》(以下简称《条例》)在过去的高校设置过程中发挥了巨大的作用。随着社会经济的发展,《条例》也需要进一步适应社会经济的发展。这种适应性主要表现在两个方面。首先,高等学校设置中相关主体的权力和责任应当进一步明晰。在高等学校设置中,十二五规划已经明确提出设立"高等学校设置评议委员会","高评委"的设置符合我国顶层设计专业化的要求,但其责任和协力在《条例》中并没有体现;另外,随着我国高等教育中央和地方两级分权的贯彻落实,省级地方政府在高校设置中的权力和责任应当进一步体现。其次,高校设置的标准也应当随着社会经济发展有所变化。访谈中,访谈对象表示,"在基本条件上,我觉得宜粗不宜细,因为各省情况差别太大,上海是发达地区,受到最大的限制是土地。""设置的标准,和地方实际相结合,希望国家做得粗一些,根据地方不同的需求进行微调。"

第五,设定基准规范高等学校设置。高等学校应当设置基准起到规范性的作用。经济社会快速发展,对高等教育机制体制及高校培养人才的多样化和特色办学提出了新需求、新要求。重层次而忽视类型划分的高校设置标准及相应机制难以有效引导高校面向社会自主特色办学,这就要求在广泛调查的基础上整体设计我国不同类型高校的基准线,增强高校设置的弹性空间,也守住不同类型高校设置的合格标准。

第六,建立有效的监督和问责机制。明确高校分类中管、办、评三方的权力与责任,强调权力下放的同时更要健全责任监督与问责机制。政府层面强调高校的准入机制和问责机制。强调中央权力的统领性,给予地方政府和教育行政部门更大的统筹管理空间,调动地方的积极性,加强其办好高等教育的意愿和决心,从而更有效地促进高校自主办学、特色发展。高校层面应当加强信息公开,面向社会办学,推动社会有序参与、监督高校办学。

三、从实证研究到政策方案转化过程分析

(一)实证研究与议题决策的互动过程

学术研究只有在社会环境中得以应用和借鉴才能发挥最大限度的实用

价值和现实意义。在"全国高校分类设置设计研究"的形成过程中，学术成果不仅在学术界中表达，也在政府机构表达；不仅在学术期刊上呈现，也在咨询报告、多边会议中传递。研究和决策过程的融合、衔接实现了从实证研究向议题决策的互动。

1. 以学术期刊为平台交流思想

学术成果主要通过期刊发表或专著形式出版，为了更集中地展现相关研究成果并产生更广泛的影响，期刊还经常开出专栏和专题发表相关文章。《厦门大学学报（哲学社会科学版）》在 2017 年第 6 期以高校分类设置体系研究为主题，头版组稿发表厦门大学教育研究院史秋衡教授的《我国高校分类设置管理的逻辑进程与制度建构》、南京大学教育研究院孙俊华的《我国高校"双一流"建设的制度积淀与发展思路》、天津大学教育学院杨院的《我国高校办学质量分类管理的推进与选择》等文章，足见学术研究领域对高校分类设置议题的重视。事实上，除了学者文章之外，《国家教育行政学院学报》在 2017 年第 7 期刊登了教育部发展规划司院校设置和综合业务处处长于洋的《我国高校规范更名研议》一文，教育部教育发展研究中心高教室主任马陆亭在《高等工程教育研究》2016 年第 1 期发表的《高等教育支撑国家技术创新需有整体架构》等，均是决策者和实践者的论文，能够与学者研究成果形成合力，整个过程既体现了他们对高校分类设置的关注和重视，也为学者、决策者和实践者的交流互动提供平台。

2. 以咨询报告为依据资政

从学术研究成果对政府政策影响的大小来判断，针对专门行政部门政策决策进行并提交的研究报告的影响力无疑是最大的。研究制定高校分类体系和高校分类设置标准，制定分类管理办法，促进高校科学定位、差异化发展是整体提升高等教育水平、统筹推进世界一流大学和一流学科建设的保障，是教育部 2017 年教育工作要点之一，也是深化教育机制体制改革的重要内容。教育部哲学社会科学研究重大课题攻关项目"高等学校分类体系及其设置标准研究"首席专家厦门大学史秋衡教授及其研究团队，受教育部发展规划司同名任务委任，从 2014 年至今为我国高校分类体系和我国高校分类设置标准设计提供扎实的数据支持和决策参考。课题总报告在深入调研的基础上进行了深入的理论挖掘和观点提炼，总结了我国高校分类发展与设置的现状，点明发展进程中存在的问题，并提出针对性的建议，为进一步深化高校分类体系及相应设置标准的改革提供发展战略的咨询。

3.多元主体与会研讨

在课题研究期间所举办的"十三五"高等学校设置工作相关问题集中研讨会成员不仅包括课题组成员，还有教育部、重庆市教委、云南省教育厅、中国教科院、上海市教委发展规划处以及诸多高校的专家。这种"多边会议"方式已经成为厦门大学教育研究院举办会议的一种常态和重要特色。与此同时，随着政府决策对研究工作的重视，在许多政府政策工作会议中都会邀请相关的学者到场，以便获得学术界的研究信息和思想观点。作为高校分类设置设计研究领域的专家，史秋衡教授也会被邀请参加教育部工作会议，因而有更多的机会与决策者直接交流。

（二）从研究到政策的转化条件分析

"全国高校分类设置体系设计研究"是一个研究成果直接转化为政策目标的典型案例，相关政策制定过程也是"以研究为基础的政策制定"的典型。在这一过程中有以下几个关键性的要素和特征。

1.研究成果的利用同时满足了观念性、策略性和工具性的需要

基于研究的政策过程有三种可利用的研究模型。第一种是工具模型，主要是指为了解决问题而制定特定的研究项目，并从中获得解决方案。第二种是观念模型，主要是指研究发现与经验、政治洞察力以及行动者的非线性的决策过程互动，并且研究的概念、理论视角和研究发现在社会中传播，从而影响政策制定者或实践者行为的有效性。[①] 总结"全国高校分类设置体系设计研究"及相关高校分类设置政策制定过程可以看出，全国高校发展上出现了"千校一面"的状况，行政管理部门需要找到解决这种现状的一个出口。"高等学校分类体系及其设置标准研究"首席专家厦门大学史秋衡教

① Mark B. Ginsburg，Jorge M. Gorostiaga. Dialogue about Educational Research，Policy，and Practice：to What Extent Is It Possible and Who Should be Involved？In Mark B. Ginsbur and Jorge M. Gorostiaga.（ed）.Limitations and possibilities of dialogue among researchers，policy makers and practitioners：international perspectives on the field of education[M]. New York：Routledge Falmer，2003，1-36.

授及其研究团队就此专设研究课题,以期用研究成果来解答这个疑问,体现
"工具模型"的特点。由于研究结果论证充分,被广为接纳,高校分类设置分
类发展,在各种高校类型上打造特色、发展一流,成为决策者和各类学校管
理者的共识,这又具备了"观念模型"的特征。同时,研究结果成为教育行政
部门制定高校设置指导意见的决策依据,又反映了研究成果利用的"策略模
型"特征。事实上,从教育部发布的《关于"十三五"时期高等学校设置工作
的意见》中关于高校分类设置工作思路和指导原则的具体制定过程来看,对
研究的利用并不能简单地用某个模型进行概括,但就研究的整体价值来看,
兼具决策的理论价值和实践意义。

2.研究者的学术地位和社会影响的积极作用

在全国高校分类设置设计研究中,研究者个人的学术地位和社会影响
对于研究结果的传递,尤其对于决策层的影响具有积极的作用。其中,史秋
衡教授、马陆亭教授、王保华教授等人不仅积极参与科研项目,同时又长期
担任决策部门智囊团的负责人,与决策者关系密切,既能够通过正式的制度
渠道,如呈送政府内参等方式来传递研究成果,又能够通过非正式渠道,如
会议间隙等形式向决策者提出、阐释和传递政策诉求。研究团队的影响力
和学术地位对于研究成果的社会影响显得十分关键。如马陆亭既是高等教
育研究者也是高等教育制度的准设计者。王保华教授作为理论研究、政策
设计重要人员,也写过高校分类设置的专著。

3.学术研究向政策方案的转化时机

以全国性数据为基础,采用严谨、规范的研究方法,是课题研究团队的
重要优势,也是形成有较强权威性和说服力的研究结论的保障。从学术研
究向政策方案的转化过程中,时机是关键因素之一。在课题的研究过程中,
适逢研制《关于"十三五"时期高等学校设置工作的意见》,史秋衡教授及其
团队受邀并积极参与相关研讨和起草工作。曾发表《探索我国高等学校分
类体系设计》等学术文章,并提交多份咨询报告,系统介绍了课题组研究的
基本思路和方案论证。正式公布的《意见》中明确指出,要研究探索分类设
置制度,引导高等学校科学定位、各安其位、内涵发展、办出特色,"十三五"
时期高等学校设置工作的基本指导原则包括:科学规划,分类发展;优化存
量,做优增量;省级统筹,分区指导。这些指导意见基本和史秋衡教授所发
表论文、提交的咨询报告一致,可见,扎实深厚的研究基础和对政策议题的

把握是将学术研究转化为政策方案的必要条件。从《意见》中我们也能够认识到有关高校分类设置的研究所具备的重要现实意义,这也激励和鞭策研究者们开展更持续而深入的研究。

中外合作办学研究

中外合作办学研究国家级智库平台

林金辉

中外合作办学研究是厦门大学教育研究院的重要特色之一和重要学术增长点。经过几年的奋斗,厦门大学中外合作办学研究处于国内领先地位,在国际上已经产生较大影响。

2013年4月17日,潘懋元先生在教育部国际合作与交流司领导调研厦门大学中外合作办学研究的座谈会上指出:"中外合作办学研究是厦门大学教育学科的'三大亮点之一'。"2010年5月26日,潘懋元先生在为研究中心出版的第一本专著《高等教育中外合作办学研究》(广东高等教育出版社2010年7月版)所作的序中指出,厦门大学中外合作办学研究中心的成立"对推进中外合作办学事业发展具有重要意义,在厦门大学教育研究院(原称高等教育科学研究所)的国际化发展上,也具有历史意义。厦门大学高等教育科学研究所自诞生以来,已经实现了'三步走'发展战略目标,第四步战略目标就是高等教育国际化。"

2013年9月5日,教育部举行的"教育部新闻发布会"正式对外宣布:"以教育部中外合作办学理论研究基地和政策咨询平台——厦门大学中外合作办学研究中心为代表的中外合作办学研究在咨政育人、服务社会等方面发挥了重要作用。"

一、研究平台的建设

中外合作办学是我国教育事业的重要组成部分,是我国教育对外开放的重要形式和重要途径之一,是我国涉外办学十几种形式中唯一以高于部门规章的国务院法规规范的办学活动。国务院于 2013 年 3 月 1 日颁发的《中华人民共和国中外合作办学条例》指出："中外合作办学属于公益性事业，是中国教育事业的组成部分。"

中外合作办学机构、项目中，高等教育占了总数的 90%。对中外合作办学，尤其是高等教育中外合作办学进行系统的理论研究成为中外合作办学持续健康发展的重要支撑。

2003 年 3—8 月，林金辉教授国家公派赴香港作高级访问学者，受著名教育家、厦门大学教育研究院名誉院长潘懋元教授和教育研究院院长刘海峰教授委托，与香港大学教育学院开始了长达数年的合作办学洽谈（合作培养高等教育学专业博士研究生项目），推动了包括时任香港大学副校长程介明、中国教育研究中心主任白杰瑞（Gerard A. Postiglione）在内的双方领导多次互访，草拟了一系列中外合作办学调研报告和程序性文件，进行了中外合作办学的一系列实践探索。

我们在实践探索中发现，要办成一个高质量中外合作办学项目（包括内地与香港的合作办学项目），必须面对许多复杂的关系，克服许多障碍，解决大量存在的问题。因此，林金辉教授提议"边谈判，边研究"。这一提议得到香港大学方面的积极回应。从 2003 年起，双方达成了一个研究中外合作办学的合作框架，开始比较全面和系统的中外合作办学研究工作。

我们与香港大学进行合作办学洽谈时，恰逢我国加入 WTO 不久和国务院法规《中华人民共和国中外合作办学条例》颁布实施。中外合作办学成为大势所趋，给我们的研究工作创造了很好的外部环境。

在一些关于中外合作办学研究量化分析的研究报告中，有学者指出，在 2010 年前，也就是在我们的中外合作办学研究机构成立之前，全国中外合作办学研究的中心已经在厦门大学形成。

厦门大学中外合作办学研究中心成立于 2010 年 3 月 19 日，是我国第一家以中外合作办学为研究对象的专门研究机构，原称"厦门大学—香港大学中外合作办学研究中心"。时任教育部国际合作与交流司副司长徐永吉等教育部官员一行 6 人专程来厦门出席中心成立典礼，并与厦门大学领导赖虹凯一起为中心揭牌；2013 年 1 月 28 日，由于中心合作交流范围扩大和教育部拟设研究基地，厦门大学 2013 年第 2 次校长办公会议决定将"厦门大学—香港大学中外合作办学研究中心"更名为"厦门大学中外合作办学研究中心"。中心更名后与香港大学继续保持密切学术交流与合作。2013 年 3 月 15 日,教育部中外合作办学发展研究中心(教育部中外合作办学理论研究基地、政策咨询平台和中心)正式落户厦门大学;2013 年 4 月 16 日—17 日,时任教育部国际司副司长生建学一行专程来厦门大学调研厦门大学中外合作办学研究中心,厦门大学副校长叶世满出席调研座谈会,时任厦门大学党委书记杨振斌、时任校长朱崇实会见了生建学一行。2016 年 11 月 10 日,中心发起、负责筹备的中国高等教育学会中外合作办学研究分会正式成立,厦门大学成为研究会首届理事长单位,厦门大学中外合作办学研究中心成为研究会秘书处所在单位,研究中心主任林金辉教授被选举为研究会理事长。

二、学术为本、咨政育人、服务社会

十几年来,在教育部及其相关部门、厦门大学以及社会各界的关怀、关心、支持和指导下,厦门大学中外合作办学研究取得了一系列成绩,为国家中外合作办学事业发展做出了应有的贡献。这些成绩的取得,归功于潘懋元先生开拓、创建的高等教育学科深厚的学术底蕴和潘懋元先生的亲自关怀、指导和无微不至的关心、支持,归功于国家教育高水平对外开放,归功于教育部及其国际司、厦门大学的高度重视和强力支持,归功于全国 2600 多家中外合作办学机构、项目火热的、活生生的实践。

"学术为本,咨政育人,服务社会",是中外合作办学研究的宗旨,是中外合作办学科学研究的社会责任和应有担当。我们按照潘懋元先生的要求,一步一个脚印,走过了一个艰苦的、令人难忘的奋斗历程。

一是坚持问题导向和目标导向,夯实学术基础,打造固本工程。落实到具体研究工作中,就是牢牢把握坚定正确的政治方向,坚持中外合作办学研究的社会主义方向和基础研究、应用研究并重的学术方向。在开展中外合作办学基本理论研究和学科建设的同时,以国家中外合作办学政策需求为导向开展应用理论研究和应用研究。承担了国家社科基金国家级重点课题以及一系列部省级重大、重点课题,研究成果获得政府重要奖项;在国家一级出版社出版中外合作办学学术专著十多部,在 SSCI/CSSCI 发表学术论文数百篇,在《人民日报》理论版发表中外合作办学理论文章六篇,在《教育研究》发表中外合作办学学术论文十几篇。

143

　　二是提供咨询报告和信息服务，服务政府决策，打造国家智库。教育部相关领导指出，厦门大学中外合作办学研究中心要致力于打造国家级"智库"，当好教育部中外合作办学的"参谋"和"助手"。中心参与国家和教育行政部门一系列中外合作办学政策的研究制定，例如，参与了中办、国办印发的《关于做好新时期教育对外开放工作的若干意见》的研究制定，参与《中华人民共和国中外合作办学条例》及其实施办法的修订；参与教育部中外合作办学机构、项目评议工作和评估工作，提供咨询意见；参与教育部高校设置评议委员会工作和政策法规部门的研究工作，以及教育部中外合作办学专家委员会工作；承担教育部及其国际合作与交流司委托研究项目和临时应急项目，报送专项研究报告；中心成立以来，每月采集、编辑内参《中外合作办学月报》，截至 2018 年 3 月已经采集、编辑 96 期，每期约 6 万字，共 500 多万字，直送教育部及其相关部门，为领导决策提供信息服务；参与或负责教育部中外合作办学专项调研、考察，以及教育部代表团出访等相关活动；等等。

　　三是培养中外合作办学专门人才和实践人才，开展教育教学，提供人才支撑。厦门大学教育研究院从 2005 年开始招收高等教育学专业、课程与教学论专业中外合作办学研究方向研究生。中心成立后，教育研究院加大招收中外合作办学研究方向研究生的力度，为全国输送了不少中外合作办学高层次专门人才，在一定程度上满足了实践发展对人才的需求；教育研究院还招收高等教育学专业、教育经济与管理专业、课程与教学论专业、比较教育学专业中外合作办学研究方向、中外课程比较与合作研究方向硕士生。

　　四是建设数据平台和服务团队，开展咨询培训，服务办学实践。建设全国和省级、区域中外合作办学数据库，为相关省份和高校及中外合作办学机构、项目研制中外合作办学发展规划；为高等学校及其他教育机构以及中外合作办学机构、项目提供咨询服务；以教育行政部门管理人员、中外合作办学者（机构和项目）、高校及其他相关教育机构国际合作交流部门管理人员、高校相关院系管理人员为对象，开展中外合作办学培训工作；接受委托，承接课题，为地方政府和学校及中外合作办学机构、项目开展专项研究；统计表明，许多一线管理者和教师受益于全国中外合作办学年会平台；中国高教学会中外合作办学研究分会从筹备到成立，同样凝聚了一批有志于中外合作办学科学研究事业的理论工作者和实际工作者。

　　五是增强服务意识和全局意识，广开宣传渠道，引导社会舆论。中外合作办学社会关注度高,社会舆论多元复杂。普及中外合作办学常识,扭转不良舆论导向,推动中外合作办学积极健康主流话语体系的形成和完善,是中心成立之初就确定的重要工作之一。8年来,中共中央机关报《人民日报》发表了本中心6篇理论文章,第一时间发布了中心出版的国内第一份中外合作办学发展报告——《中外合作办学发展报告(2010—2015年)》,多次大篇幅报道中心发起的全国中外合作办学年会;《人民日报》、人民网、新华社、新华网、《光明日报》《中国教育报》《人民政协报》《世界教育信息》《凤凰周刊》、《教育研究》《中国高教研究》等众多主流媒体、期刊频繁采访中心成员,为澄清大众对中外合作办学的一些模糊认识,为中外合作办学依法办学、规范管理、提质增效营造良好的社会舆论环境做出了重要贡献;主动与媒体打交道,及时让一些记者首先认识中外合作办学,培养他们对中外合作办学的了解和感情,对引导者先做引导工作。充分利用新媒体手段和平台,做好中外合作办学社会舆论的引导工作,例如,中心微信公众号关注者达数千人,有的微信文章阅读量达9000多人,阅读量达六七千的也不少,作为学术型公众号,这么高的阅读量是少见的,中心网站的阅读量也一直居高不下。公众号和网站文章被转载、引用率也很高,教育部教育涉外监管网也转载中心微信公众号和网站的文章。

三、推动全国中外合作办学科学研究

通过筹备中国高等教育学会中外合作办学研究分会,以及研究分会的成立和开展多方面工作,有力推动了全国中外合作办学研究工作。尤其是,从2010年开始,我们发起、牵头并与省级教育行政部门联合主办全国中外合作办学年会,至2017年已经成功举办八届。全国中外合作办学年会以教育部国际合作与交流司为会议支持机构,先后与海南省教育厅、福建省教育厅、深圳市教育局、浙江省教育厅、河南省教育厅等联合主办;历届年会围绕国家中外合作办学重大理论问题和现实问题,为政府、中外合作办学者、校长以及专家学者提供了一个高端对话平台,促进经验交流和规律探索,推动建立中外教育机构合作关系,培养理论队伍和管理人才队伍,引导社会舆论,充分体现了全国性、学术性、机制化、国际化等特点,为中外合作办学持续、健康、有序发展提供了理论支撑、专业支持和人才保障。年会组委会先后承办了教育部主办的"教育部《中外合作办学条例》及其实施办法修订工作座谈会"和"教育部中外合作办学评议专家培训会",教育部、中组部主办的"中外合作办学党建工作座谈会"等工作会议。出席年会的有教育部领导、中国高等教育学会领导、教育部国际合作与交流司等相关司局领导、主办省份的省领导、教育厅领导,以及大学校长或分管副校长,大学国际处处长、国际学院院长,中外合作办学机构、项目负责人等。

我们清醒地认识到,中外合作办学涉及中外,重在合作,政治性、政策性很强,实践中存在的一系列重大理论与实践问题,有特殊的极端复杂性。在这个需要攻坚克难的领域,唯有苦练内功,才能有新的贡献。我们的主动服务意识还有待进一步强化,研究课题与重大现实问题结合不够紧密的"孤芳自赏"心态还有待进一步克服,中心自身能力的建设还必须进一步加强。

中办、国办印发的《关于做好新时期教育对外开放工作的若干意见》明确提出要"加强理论支撑""健全决策机制"。《意见》说:"加强理论支撑。完善国别和区域研究基地布局,加强国际问题研究。支持高等学校、科研机构、社会力量开展教育对外开放战略研究。支持大学智库合作。健全教育对外开放事业发展数据统计和发布机制。建立教育对外开放专家咨询组织,建设研究数据平台,健全决策机制。"作为中华人民共和国成立以来第一份全面指导我国教育对外开放事业的纲领性文件,《意见》对我们的研究工作也具有纲领性的指导意义。《意见》字数不多,对理论研究花了这么多的笔墨,的确来之不易。中外合作办学科学研究在好政策的感召下,必将更加努力工作,勇于担当。科学研究需要理想,也需要奋斗。十九大报告为我们描绘了一幅最美的蓝图。无论是实现高质量发展,还是建设现代化经济体系,无论是"一带一路"建设,还是人文交流机制建设,无论是实现内涵式发展,还是推动中国教育稳步走向世界中心,无论是加快教育现代化,还是建设教育强国,都离不开坚定不移以开放促改革,离不开中外合作办学提质增效、服务大局、增强能力,离不开数量够、用得上的中外合作办学科学研究成果。

新时代是奋斗者的时代。中外合作办学科学研究的春天已经到来。我们坚信,在习近平新时代中国特色社会主义思想指引下,中外合作办学科学研究再出发,一定会创造出不负时代、不辱使命的新业绩,为厦门大学世界一流大学和一流学科建设,为厦门大学教育研究院的教育学世界一流学科建设做出新贡献,向人民交出一份满意的答卷。

全国百篇优秀
博士论文

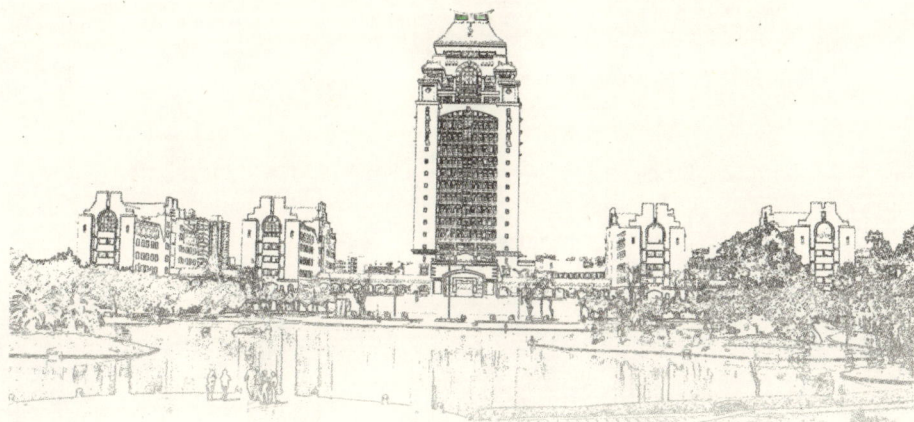

教育产权与现代大学制度构建的相关性研究

胡赤弟

摘要：教育产权是教育领域的产权，教育产权除了具有一般产权的普遍特征外，还具有界定成本高、不易流动和非营利等特点，是市场机制、政府机制、志愿机制等各机制作用相互联合的结果。大学是多元主体共同的构造物，大学制度是资源产权主体之间的契约集。大学组织是教育资源"两层楼"结构，大学产权制度是大学制度重要内核。通过分析提出了大学的三形态结构及其演变的模型，结合实际提出了我国民办教育发展的两条路径。通过研究教育组织的形成与发展，指出民办学校是非营利性组织，并阐述了民办学校的性质与产权界定等问题。运用大学制度模型理论，分析了历史上大学组织演进的制度基础，指出其产生原因及其发展趋势。结合我国民办教育实际，提出构建民办教育办学主体的几种构造模式。本文创造性地对教育产权性质、特点及其运行机制进行系统研究，提出大学制度构建理论，把大学看作是教育资源的聚集体，大学制度是教育资源产权主体之间的契约集。创造性地运用利益相关者理论重构大学办学主体，提出利益相关者大学的共同治理模式，并设计出利益相关者大学法人的内外部治理结构。

一、导论

(一)大学制度建构的重要意义

1. 大学制度是我国高等教育体制改革的核心

20 世纪 90 年代的高等教育宏观体制改革是国家作为高等教育管理主体职能的重新调整,是高等教育管理权在中央各部门之间、中央与地方之间的重新分配,是一种基于权力重组的职能改革。而大学法人制度建设是下一步改革的重要内容,因为现代大学制度的核心问题是大学法人制度构建。从根本上讲,大学自主权的权限到底有多大,自主权如何运行,都取决于以大学法人制度为主要内容的现代大学制度构建。从这个意义上说,大学制度构建是当前我国高等教育体制改革的关键问题。从世界范围来看,高等教育法人化是众多国家和地区改革其高等教育管理体制的重要措施之一。

2. 大学办学自主权与大学制度构建

高校办学自主权是建立在财产权利基础上的独立办学权。只有在法律上明确大学法人地位以后,落实大学的自主权才有了可靠的基础。权力下放只能使大学获得一部分行政权力,而法人财产权才是不依靠政府下放得的,它伴随大学法人的成立而拥有。大学法人化就是要通过确立大学财产权利,并能够最大限度地"下放"教育行政管理权,使大学真正成为面向社会自主办学的法人实体。由于缺乏统一行使权利和承担责任的主体,非法人型高校的办学自主权只能以委托的方式,分别授权相关主体来行使。与法人型高校相比,非法人型高校没有统一、独立的权利主体,因此也就没有统一的办学自主权可言,其各项办学权利只能由政府赋予,在计划经济体制下,我国实施"单一"的政府办学体制,大学隶属于政府的行政序列,大学的这种非法人性质,决定了政府拥有大学办学的最终决定权,这势必导致大学办学自主权的式微。

3. 办学体制多样化与大学主体构建多元化

邬大光教授认为高等教育多样化主要包括高校类型多样化与办学主体多样化。[①] 高校类型多样化主要反映的是大学在教育层次和形式上的差异性,它是一种以高等教育的层次和类型为依据的分类。办学主体多样化更多反映的是大学在财产和法人设置上的差异。高等教育办学主体多元化,主要表现为大学法人主体构造多元化。而办学主体构造多元化又导致大学制度多样化,从而表现出形态多样的大学法人。大学作为社会的法人团体,是由各种教育资源产权主体联合而成的,因此,大学主体构造必定表现为多主体互动的过程。由产权制度以及治理机制构成的大学财产制度是大学制度的基本内容。所以,大学制度的建构必须首先建构的,是以大学产权制度及其治理机制为主要内容的大学财产制度。

(二)经济学视角与大学制度研究

1. 大学组织是一个"经济体"

大学可以认为是一个经济体,一方面教学、研究和直接为社会服务等是它的基本功能,这是大学组织合法性存在的基础,另一方面大学还具有经济功能,通过促使大学与社会系统建立相互联系,从社会或其他组织中获取资源,它使得大学组织迅速适应经济社会的要求。大学的基本功能是大学存在的目的,大学的经济功能必须服务于大学的基本功能。大学的基本功能是大学合法性的基础,而有效配置资源则是大学合理性的重要理由。本文阐述的大学的经济功能,即把大学看作特殊的社会资源配置领域,并将它看作是一个特殊"经济体",大学制度具有实现资源高效配置的功能。大学因具有独特的社会职能而产生,通过不断调整、扩充其职能来适应社会的要求,合理配置高等教育资源是全面实现大学基本功能的重要基础。

2. 教育体制与经济体制的内在联系

根据潘懋元先生提出的教育外部关系规律[②],经济体制必然要对教育体制产生影响,甚至决定教育体制的性质,但二者是属于不同领域的两类性

---

① 邬大光.办学体制:深化高教体制改革的关键[J].高等教育研究,1998(2).

② 潘懋元.教育的基本规律及其相互作用[M]//潘懋元.潘懋元论高等教育.福州:福建教育出版社,2000:127.

质不同的制度,因此它们之间的联系需要一系列"中介"领域为之联结。教育资源配置就是一个特殊的领域,是教育体制与经济体制共同作用的领域。教育体制是为实现教育基本功能而进行的资源配置,财产关系是教育资源配置中形成的基本关系,它既从宏观上决定国家办学体制,又从微观上影响学校财产制度。高等教育经济体制与教育体制之间的关系首先表现为办学体制,而办学体制进一步具体化则是大学财产制度。大学财产制度是高等教育体制与经济体制之间的一项重要的制度安排。

3. 大学制度的经济分析方法

大学制度的经济学分析实质是通过比较不同制度间的交易费用多少来确定制度的比较经济优势。大学制度是资源产权主体之间的契约集,它一方面具有节约市场交易费用的功能,而另一方面维持大学制度运作又存在行政管理费用。当节约的交易费用大于行政管理费用时,大学制度具有经济优势,反之没有经济优势。具有经济优势的大学制度最终将取代没有优势的大学制度。大学制度的经济分析是一种比较经济优势分析方法。随着高等教育体制改革的深入,大学制度将越来越呈现出多样化趋势。大学制度之间存在着比较经济优势,这也是决定其多样化的重要原因之一。

二、教育产权与大学制度

大学资源主体的产权及其运作机制是探讨大学制度建构的重要理论基础。

(一)教育产权的性质与特点

1. 教育产权的内涵

凡是在教育活动领域中,因使用教育资源而形成的人们之间的经济关系都属于教育产权范畴。从主客体角度来看,教育产权包括个人、学校、政府、企业等在投资、运行和管理资源中产生的财产权利,也包括物质资源形成的产权、财力资源形成的产权和人力资源形成的产权,而且包括大量无形资产形成的产权等,重视教育产权的关键,是保护教师、学生、投资者、政府等产权主体的合法权利、调动他们的积极性。教育产权中的"教育"并不是指某项产权的主体,而是存在两方面含义:一是指产权的适用范围,即指教育领域内的财产权利;二是指产权的特定规则,即教育产权除了一般产权所有必须遵守的规则外,还必须遵循教育领域中特殊规则,比如教育法律法规和教育内外部关系规律等。所以,教育产权是指教育领域中的财产权利,它除了具备一般产权的特点外,还是受特殊的教育规则限定的权利集。

正确理解大学产权的内涵。首先,大学产权是一项重要的教育产权。大学教育产权是一项独立的教育产权,既不同于个人教育产权,也不同于国家教育产权。作为法律授权承担高等教育特殊任务的法人组织,必须以独立的法人财产权为基础。其次,大学产权实质上是产权结构。大学教育产权具有复杂内部结构。一方面,它对外表现为独立性、完整性。它可以独立自主地与社会其他个人、机构开展民事活动。另一方面,大学又需要通过其代表来行使权利。这就是说,大学教育产权必须在教师、学生、校长、董事之间进一步配置,从而形成相互制衡相互合作的产权治理结构。再次,大学教育产权是形成大学制度的关键。大学制度是教育资源产权主体之间的契约集。

2. 教育产权的性质与特点

教育产权具有"一般产权"的所有特点,即普遍性、明晰性、完整性和流动性,还具有某些特殊性质。[①] 特殊性质即教育产权是指教育领域内的财产权利,也可以说,是受教育法规、教育规律及教育活动自身特点制约的财产权利。例如,教育服务的不可分性决定教育产权排他的高成本性,教育活动的稳定性决定教育产权不易流动性,教育不得以营利为目的性决定教育产权具有非营利性;等等。

3. 教育产权的运行机制

教育产权的运行是通过交易来完成的。交易是教育产权最基本的运作单位。而交易又受其成本约束,教育制度变迁的经济逻辑是交易成本最小化。教育产权运行机制是关于教育产权之间的相互作用问题。教育产权运行机制分为市场机制、政府机制和志愿机制等三种类型。高等教育是一项重要的社会公共事业,必须协调市场机制、政府机制和志愿机制,使它们共同发挥作用。在市场经济条件下必须以市场机制为基础。当出现市场失灵

---

① 刘诗白.主体产权论[M].北京:经济管理出版社,1998:117-123.

时,政府机制或志愿机制才发挥其补充作用。政府机制和事业机制的补充,目的是弥补市场机制之不足,并无取代市场机制之意。因此,凡是市场机制能发生作用的地方,都将首先发挥市场机制的作用。

4. 运行机制与大学组织

高等教育资源配置是由市场机制、政府机制和志愿机制三种机制混合作用的结果。在这些运行机制作用下,高等教育资源主体开始向某一方向聚集,这一聚集过程就是大学组织形成的过程。大学是承载高等教育资源的"容器",是人类为承担特殊任务而设计的"构造物"。在市场经济中大学表现为独立"法人"。要确立大学的法人地位有两件事情非常重要,一是明确大学法人财产权,这是大学成为办学主体的必要条件;二是建立大学法人内部治理机制。

(二)大学制度性质与结构

大学制度包括大学法人制度和大学教育制度。大学法人制度是大学制度中的重要组成部分,大学产权制度又是大学法人制度的核心问题。

1. 大学制度性质与内涵

大学制度就是资源产权主体之间的契约集。虽然大学不是经济组织,大学制度不属于企业制度,但是大学制度具有配置高等教育资源功能。为了充分发挥大学制度的资源配置功能,不断提高大学制度的资源配置效益,促进高等教育规模、质量和效益协调发展,建立有效率的大学产权制度具有重要意义。

大学制度包括两方面内容,形成"两层楼"结构,即"上层的"大学教育制度和"下层的"大学法人制度。大学教育制度包括大学教学、科学研究和为社会服务等方面的制度总和。大学法人制度是关于大学设立、运营、财产、责任等方面的制度总和。大学制度的"两层楼"结构,与大学制度生成与发展的历史与逻辑相一致。因为大学教育活动必须以占有一定社会资源为前提条件。大学法人制度是大学教育制度的基础,在功能上互为依存,互为条件。大学法人制度是前提,大学教育制度是关键。大学财产及财产制度是大学法人制度的核心和基础。

2. 大学形态

大学形态是指大学在所有制、财产运行和法律性质等方面的具体表现。

大学的所有制形态、经营形态和法律形态之间又密切联系,表现出大学形态的层次结构。①

大学的所有制形态,是指大学财产归属问题,实际上是关于学校出资者的性质以及相互关系问题,可分为国有或公有、私有和混合等几种。大学经营是实现资源或财产有效配置的一系列措施总和。大学经营是以经济手段,调整内部资源主体之间相互关系的过程,它更注重市场竞争、成本效益等因素作用。所以,大学经营更反映市场经济条件下的大学资源或财产运行的实际情况。一种所有制形态的学校都可以实行多种不同的经营方式。比如,国有学校可以有国营,也可以民营。而学校经营形态的改变却并不因此改变学校的所有制形态。法律上对大学的各种规定构成大学的法律形态。所谓大学法律形态,是指大学在法律上的各种性质和特点。由于各国法律体系不同,甚至设立大学所依据的法律不同,都将使大学表现出不同的形态。大学的所有制形态和经营形态是经济体制在大学制度中的反映,它最终上升到意识形态层面,要求大学的法律形态作出适当调整。

3. 关于公办与民办高等教育的分析

对教育的任何分析都必须把其与教育机构性质区分开来。因此,我们有必要从学理上区分作为事业的"公益性"与作为机构目的"公益性"这两个概念。教育事业的公益性是由教育服务产品的特征决定的。教育的公益性指教育的大众性和教育收益的不可分割性。虽然教育公益性与教育机构的公益性有密切关系,但是它并非以教育机构公益性为必要条件。从学理上说,具有公益性的教育事业,可以通过不同性质的机构来实现的,其中包括公益性机构(公共机构)、私益性机构(私人机构)和混合性质(公益私益混合)的机构。教育机构的"公益"与"私益",可以看作是一个"连续体",其一端是公益性,另一端是私益性。

我国民办教育发展的两条路径,其一为公立高校民营化,其二是独立设置民办教育。两条路径都起源于公立高等教育,这反映我国民办高等教育制度创新的路径依赖。在高等教育的迅速发展过程中,"民办"和"公办"之间的分界已不再泾渭分明了,或者说,这条曾经有过的界线已经开始模糊

---

① 胡赤弟.公立高校民营化与产权多元化、分散化[J].高等教育研究,2004(1).

了。其中的主要原因是高等学校出现了形态多样化。民办教育不能因为"民办"而否定教育的公益性。同样道理,公立高校民营化不能因为是"公立"而将其排除在民办教育之外。公立高校民营化与私立学校提供公共教育说明教育与教育机构是两件不同的事情。因此,教育的公益性也不同于教育机构的公益性。所以,民办教育概念是一个多维度的概念,必须从教育机构属性、教育提供方式、立法等去全面把握其内涵。

4. 大学形态的演变

现代大学形态丰富多彩,但是从产权制度上看,基本形成了公立和私立两大类型;而每一类产权制度又以两种形式实现的,即法人型、非法人型。从国际角度看,欧洲国家是以公立非法人型为主,一些新发展国家包括美国等则以法人型为主,无论是公立大学,还是私立大学。我国大学基本上属于法人型,即无论公立大学,还是民办学校都按法人设立。

(三)大学组织的经济逻辑

1. 大学组织的产生

教育组织演变中所表现出的"一体化"过程与交易费用有关,教育组织演变是沿着更有效地节约交易费用方向进行的。如果将教育视为一种生产服务的活动,那么教育组织活动可细化为两部分:一部分是关于教育服务的生产、提供和消费等活动;另一部分是与这一活动联系在一起的人与人之间开展的交易活动。在前一类教育活动中教育组织产生的是教育成本,而在后一类教育活动中教育组织形成的是交易成本。

2. 学校是一种非营利性组织

学校既非经济部门,又非政府部门,而是非营利性组织。我国计划经济体制下的教育资源配置机制是一种单一的公共选择模式,学校办学主体结构单一,这种高校一般具有如下特点:第一,政校合一,政府的行政职能代替了学校的组织管理职能;第二,高校系统是条块分割的科层组织;第三,政府的垄断地位。

当前我国教育产权制度的创新应着重从以下几个方面适度进行教育产权的分解和重组,明晰不同办学形式的产权边界,最终形成多元化的办学格局。确立地方政府独立产权主体地位,确立学生、投资者产权主体地位,此外还要明确所有利益相关者的产权,以建立大学与社会的合作伙伴关系,为大学发展争取更多资源和更大的空间。在建立多元产权结构的同时,应该探索适应多元产权的运行机制,发挥董事会治理作用。

3. 民办学校的性质与产权界定

我国目前的民办学校有私立学校、国有民办学校和民办二级学院等三种类型。

从所有制角度看,民办学校是非国有学校。民办学校就是指非国家举办、国家投资、国家所有的学校。凡民间团体或个人投资举办、学校财产非国有的学校,都应称为民办学校或私立学校。即民办高校即所有权在"民"。

从运行机制看,民办学校指经营权非国家或政府所有的学校。关于民办学校的营利问题实质是一种管理问题。学校是否营利不是问题的关键,关键在于我们用什么方法引导更多人来从事公益性的教育事业。公立学校具有非营利性;民办学校可以营利,也可以是非营利性的。民办学校比公立大学多一项选择权即营利权,即营利权在"民"。

从产权结构看民办学校是一个综合的视角。民办学校具有产权主体多元化、社会化、民营化的特征。即民办学校是产权在"民"。

三、高等教育办学主体的构建

大学制度是由不同的资源产权主体,按照分工、合作和专业化原则,并为实现特定社会功能而构建的契约制度。

(一)大学制度演变的产权分析

受各种因素影响高等教育资源产权主体之联合表现出多样性特点,从而产生了社团大学、公立(国立)大学、私立非营利大学和私立营利型大学等多种形态。

社团大学是以人力资源财产为大学核心财产,且以教授为其财产所有者而建立起来的社会组织形式。从这意义上,我们说,社团大学实质上是教师所有的大学。公立大学是国家或地方政府办的大学,所有财产的来源都来自公共财政,大学是国家或地方公共团体的一部分。私立大学所拥有的财产权属于信托财产权。营利性学校主要指教育公司,是作为一种新的教育资源组合方式的大学,营利性学校就是在教育领域以从事营利性活动为主要内容的经济组织。

通过对大学制度的所有权配置及其成本分析发现,世上没有十全十美的大学制度,只有具有相对优势的大学制度。所谓相对优势是指它因市场环境和高等教育的性质的改变而变化。从经济意义上说,在市场经济环境下,大学制度总是沿着降低产权费用方向演变,现存的各种类型大学制度都是合理的且具有优势的大学制度。无论是公立大学民营化,还是营利性公司开展教育服务,都应该认为是大学制度的一种拓展与变革,而这些变革与其所有权配置有着密切关系。大学制度的一切变化,都是为了更好地适应市场经济要求。我们研究大学制度重要的是研究主导大学制度变迁的规则。这一规则就是成本最小化、费用最小化,因为它把大学所有权配置给特定的人,也因为它大学制度出现了一些新的变化。由于产权制度具有节约交易费用的功能,所以,它必将成为带动整个大学制度演变的内在动力。

(二)民办高校产权与办学主体构造

大学财产分为捐助财产型、信托财产型、国家财产型和共同财产型等四种类型。财团法人的财产来源属于捐助财产型,捐助行为是一种单方面法律行为,无偿转让所有权,捐助人通过捐助行为虽然失去了捐助财产的所有权以及相应的物质利益,但却可以规定这些财产的用途。捐助人在规定财产使用范围的同时,指定所设立的法人管理机构。信托制度是一种特殊的财产管理制度,是规范委托人(信托设立人),受托人和受益人三方关系的一种制度安排。国家财产型可以有预算拨款、授权经营、股权投资等三种形态。共同财产型是由团体成员共同出资形成的,法人财产本质上属于其成员的共同财产,股份制与合伙人制是常见的形式。

民办大学主体构造首先是财产及其产权构建。在民办高校办学过程中,有捐资法人办学、信托法人办学、BOT模式办学、公司法人办学四类主体办学情况。

捐资法人办学的特点是捐助人一旦捐出财产,即意味着捐助人放弃财产所有权,但是捐助人有权约定财产使用范围与途径,并指定财产的管理人即管理委员会,因此管理委员会是法律上的所有人。管理委员会与校长之间是委托代理关系,校长在管理委员会授权下行使代理权,实施对学校财产的使用和管理等。基于捐赠财产的大学法人拥有独立财产权,而且大学法人以其捐赠财产享有民事权利,承担民事责任。捐助人可按其意愿将设立之目的、财产之用途、管理人之使用等做出相应规定。

信托法人办学的特点是举办人的财产全部或主要来自信托财产。信托制度在大学法人构建中具有多方面优势。首先,信托是一种为他人利益管理财产的制度。办学过程中,举办人(管理委员会)作为信托财产的名义所有人,以信托财产为其实有财产来设立学校法人。其次,"信托"要比"捐赠"灵活,有利于广泛吸引民间资金办学。委托人一旦将其财产交付信托,即丧失其对财产的权利,但并不意味着所有权的完全消灭。委托人拥有财产的复归权,即当信托归于无效或被撤销或有效信托终止后,除非信托文件另有规定外,信托财产复归于委托人所有。

BOT(Build-Operate-Transfer,建设—运营—移交)模式是近年来国际上通行的政府建设公共项目的一种方式,即政府将基础设施经营收益权与私人投资进行交换,投资者凭借其有形和无形投入换取一定时期稳定的垄断收益权。通过一系列协议,BOT模式可以解决办学设施建设与运行问题。董事会是设施经营者,它拥有设施经营权,在整个BOT协议期间,受政府委托经营大学资产,并在保证校长正常办学经费使用情况下,根据协议上缴部分利润给项目公司。以校长为代表的大学则拥有设施的使用管理权,这一权利是保证大学按照教育规律办事的基本条件。当BOT协议规定期限结束后,政府收回全部所有权,办学基础设施收归国有,大学也就是成为公立大学。这种模式有利于解决大学在财政拨款紧张形势下的建设与发展问题,提升大学资源的有效利用。BOT模式也是一种新型的高等教育民营化道路。因为,从法律上讲,设施的所有权仍由政府掌握,项目法人只拥有部分收益权,大学则可以分享或让渡使用权。这种模式和意义在于:首先,通过财产所有权与收益权、使用权分开,实现资源的有效配置。其次,投资者通过设立项目法人取得基础设施的建设权,董事会(举办者)在政府授权下取得设施经营权。再次,举办者可以是政府,或者是由多方人士组成的董事会。因此,它既可以作为民办高校法人制度来构建,也可以引入公办学校法人制度中。BOT模式本质上是政府与民间寻求合作的一种方式,有利于提升社会各方参与高等教育积极性的一种制度安排,对高等教育各利益相关者而言是一种共赢的办学模式。

公司法人办学模式是引入现代公司制度理念来构建大学法人制度。首先,确保大学法人财产权独立。大学是否拥有独立的财产权,是大学能否成为法人的基本条件。其次,借鉴公司治理结构构建一套有效的现代大学治理机制。通过建立股东会、董事会、监事会和学校行政系统平衡各方面利益。股东会主要由投资者组成,他们拥有股权,即选举权、剩余收益权等;董事会是由股东选举产生的,由代表股东利益的人组成。董事会拥有公司大学财产的托管权,即制订公司大学经营方针,是最高决策机构;监事会也是由股东会选举产生,代表股东监督董事会和高级管理人员的机构。根据现代公司理论,监事会应广泛吸收各方面利益相关者参加,在公司大学中必须吸收大学教授和其他社会各界人士参加;大学校长及其为首的行政管理人员是受董事会领导,代理董事会行使公司大学的经营管理。公司法人办学既能保障出资人的权利与权力,又通过一系列既层层赋权又相互制约的权力制度设计来实现利益相关者共同治理的格局,确保大学既遵循教育规律办学,又能服务于社会。

四、利益相关者视角下的大学制度

大学本质上是利益相关者之间的一张"契约网",是利益相关者共同治理的组织机构。

(一)利益相关者概念

所谓利益相关者,是指通过利益(害)关系维系在一起的一群人。利益相关者是一个范围广泛、成分复杂、性质各异的群体。因此,要对于其作清晰界定十分困难。利益相关者不仅"成分"复杂,而且"利益"也十分复杂,没有一个利益相关者的利益与另一个利益相关者的利益是相同的。利益相关者定义的宽与窄不是问题的关键,关键是要研究利益相关者影响组织或受组织影响的程度。米切尔的利益相关者分类法非常适用于大学利益相关者的确定。

（二）高等教育中的利益相关者分析

1. 利益相关者理论的应用

（1）利益相关者与大学管理

罗索夫斯基在 *The University An owner's Manual* 一书中采用了利益相关者的分析框架，列举出大学的四类群体，就其与大学的关系的重要性程度，划分为"最重要群体""重要群体""部分拥有者"和"次要群体"四个层次。首先，教师、行政主管和学生是大学最重要的群体。其次，罗索夫斯基认为，董事、校友和捐赠者是重要的利益相关者。再次，第三部分人，被罗索夫斯基称为"部分拥有者"的利益相关者。所谓"部分"是指，他们只是在特定条件下，才成为大学的利益相关者。最后，第四部分人是大学利益相关者中最边缘一部分，即市民、社区、媒体等，可以被纳入次要层次的利益相关者。[①]利益相关者的分类是相对的，动态变化的，因此，不可将大学利益相关者的分类绝对化。对利益相关者进行分类研究是为了实现大学的有效治理与共同治理。

（2）利益相关者与大学的社会责任

大学的责任包括学术责任和社会责任。大学要以承担学术责任为本，但不可轻视社会责任的存在。学术责任是大学合法性存在的理由，大学的社会责任是大学发挥重要作用的必然结果。所以，社会责任是对于大学学术责任的补充和完善。如果说，学术责任观下的大学是"教授治校"的大学，那么与社会责任观对应的大学应是利益相关者共同治理的大学。大学社会责任的产生是大学走向利益相关者共同治理的重要表现。

大学责任是一项整体责任，尽管它是由教师个体来履行的。唐纳德·肯尼迪提出的"完全责任"不是针对单个教师，而是指教师群体或大学所承担的责任。完全责任是指大学必须对学生和社会承担无限责任，它有别于教师个体的有限责任。大学社会责任与发挥利益相关者作用是一致的。现代大学已经不是教师自己的组织，更不是"董事会能够随意摆布的私人机构"，而是众多利益相关者共同拥有的社会机构。大学社会责任是对大学利

161

----

① 亨利·罗索夫斯基.美国校园文化——学生、教授、管理[M].谢宗仙，等译.济南：山东人民出版社，1996.

益相关者所负的责任,实质上是利益相关者要求大学必须履行的职责。大学除了为教师、学生服务之外,还要对于社区、政府、产生界等提供服务。利益相关者视角下的大学责任,不只是确定一个宽泛的责任范围,而且能够确定各种责任之间的相互关系。

(3)利益相关者与建立合作伙伴关系

高等教育曾经经历过"教授治校"、政府行政管理、董事会托管等模式,现在正开始走向利益相关者合作的新模式。伙伴关系是利益相关者模式的又一基本特征。高等教育被要求与社会、政府、企业界、学生等建立广泛的合作伙伴关系。伙伴关系,首先以独立利益为前提。伙伴关系不是简单的集体主义老调,它不是要用集体利益代替个体利益,而是在充分尊重各方利益基础上的合作。其次,伙伴关系是以共同利益为基础。高等教育与产业界、政府和师生之间建立伙伴关系被认为是重中之重。

(4)利益相关者与"相互作用大学"

"相互作用大学"与传统大学"以教授为中心"并脱离社会不同,它"以他方为中心",与社区建立良好的交流与合作,在交流合作中,学校的知识、科研、服务与教学都是与社区相互依存的,课程设置也是由那些致力于技术革新、知识应用和创造最佳业绩的学者们共同制定的。学校不仅愿意而且能够吸收社区公民成为学校发展的"利益相关者"或"共同产权人"。"他方"包括政府、企业界、出资人、社区等与大学有利益关系的所有人或组织。所谓"相互作用模式"就是要求学校与利益相关者确立共同认识与目标,相互合作,达到互利结果。"相互作用"模式反映了现代大学利益相关者共同治理的特征。

2. 大学的利益相关者——一种分析框架

大学制度是高等教育利益相关者之间的"契约网",大学就是由利益相关者组成的社会机构。应用米切尔利益相关者的分类方法,借鉴罗索夫斯基关于大学的利益相关者分析,又结合我国大学的实际情况,提出三类利益相关者模型:教师、学生、出资者、政府等是大学的权威利益相关者;校友、捐赠者和立法机构则是预期利益相关者;市民、媒体、企业界、银行等是潜在利益相关者。

(1)大学的高级行政管理人员

大学高级行政管理人员是指校长、院长、系主任等管理人员。大学行政管理人员只是为利益相关者服务的代理人,行政管理人员的利益就是利益相关者的利益,即最主要反映的是掌握控制权的利益相关者的利益。大学校长从来不是大学的"所有者",而是大学的实际管理者,无论什么类型的大学,在利益相关者视角下,大学校长是一个反映利益相关者要求,并具体实施的决策执行人。在高等教育中建立利益相关者分析框架的真正意义,在于改变大学管理者或大学校长传统的过于单一的思维模式,如政府主导型模式或董事会主导模式。而改变这一模式的关键是,确立相对于管理者的利益相关者,进一步区别不同利益相关者的特点等。作为大学管理者的大学校长是大学利益相关者分析框架的原点。

(2)大学教授与学生

大学教授是大学的关键利益相关者。他们曾经是大学的所有者,至今也仍是大学人力资源的所有者之一,而且是最主要人力资源的所有者。现代大学中教授既是雇员,又是大学的主人。利益相关者理论认为,教授与投资者都是利益相关者,他们共同拥有大学的所有权。这里的"所有权"指复杂的权利结构,是作为他们共同行使产权的框架。教授在大学中的地位不可替代,教授会组织仍拥有很大一部分实权。学生是大学存在的理由,学生是大学的主要利益相关者。奥尔特加·加塞特认为,"高等教育机构以及大型的建设都必须以学生为基础,而不是以教师或知识为基础"[①]。

(3)大学的出资者

大学出资者是直接向大学提供资金的人或组织。大学的出资人包括政府、捐赠人、校友、工商界、银行以及各种资助项目等。建立起利益相关者视角能够缓解高等教育的经费短缺,因为它能够建立最广泛的出资人"网络",应该最广泛地争取一切可能为高等教育提供资金的人和组织。

(4)政府

政府,是相对于个人(或私人机构)和一般社会机构的特殊的机构,它对高等教育或大学的影响与其政治模式有关,是一国高等教育或大学的重要的利益相关者。从政府与高等教育之间的关系看,首先,政府是制订和影响高等教育政策的重要力量。立法、规划、拨款等是政府影响高等教育的重要

---

① 　奥尔特加·加塞特.大学的使命[M].徐小洲,陈军,译.杭州:浙江教育出版社,2001:70.

手段。其次,作为公共利益代表的政府,承担着维护高等教育平等和质量的责任,它是保证高等教育为公共利益服务的重要力量。最后,责任制是大学接受政府资助的重要条件。当然,政府与高等教育之间的关系越来越表现出双边的复杂性。第一,作为"管理者",政府保持对高等教育或大学的有效干预。第二,作为"出资者",经费缺乏使高等教育或大学与政府之间在经济上的依赖性不断加强。第三,作为"监督者",政府是唯一可能成为最公正的监督者。

(三)利益相关者与大学治理结构

1."治理""统治"与"管理"

治理与统治的根本区别是,统治的主体必定是政府,或是受到政府委托的公共机构,而治理的主体既可以是公共机构,也可以是私人机构,治理是国家与公民社会的合作、政府与非政府的合作、公共机构与私人机构的合作、强制与自愿的合作。其次,政府统治的权力方向总是自上而下的,社会事务实行单向度的管理。而治理则是一个上下互动的管理过程,它主要通过合作、协商、伙伴关系、确立认同和共同的目标等方式实施对公共事务的管理。所以,治理是市场经济条件下管理公共事务的一种新方式。

管理是实现一定目标的活动,目标不但是管理的出发点,也是管理的最终归宿。治理是管理得以有效开展的前提条件之一,它为具体管理行为的提供基础环境。公司治理运动要求保护股东的利益的同时,也要求保护利益相关者——股东、债权人、就业者、社区等——的利益。所以,治理是界定股东、经理人、委托人、政府和其他利益相关者的行为的规则和程序。

2. 大学的共同治理

利益相关者组织倡导共同治理,它们之间是平等的、独立的,不存在谁支配谁的问题。所谓共同治理的实质是共同分享组织的所有权。

(1)大学的所有权配置

大学所有权的关键的问题,是如何在大学的利益相关者之间分配产权,并建立一个有效率的产权结构问题。

(2)"主导—合作"治理机制

"主导"是要发挥某一主体的关键作用,合作是指与其他利益相关者共同配合。拥有关键性资源的利益相关者必将在大学治理中发挥主导作用。

谁的贡献大谁就有更大的发言权。大学的治理模式有教授主导模式、出资人主导模式与消费者主导模式等。

(3)相机治理机制

相机治理机制,实际上类似于监督机制,但是又比通常监督更有力度,因为当某些利益主体受损时,它可以通过某种程序使监督者收回控制权,重新配置所有权的各项权能,实现利益的再调整。一个完整的相机治理应包括事前监督、事中监督和事后监督三个阶段。大学相机治理主体依大学的具体形态而定,不过主要包括政府和除主导者外的其他利益相关者,即教授、学生、政府、出资者等。不同形态的大学其相机治理主体有所不同。大学正在走向利益相关者共同治理模式,正通过相机治理实现利益相关者之间的利益平衡。

3. 我国民办大学治理结构与模式

大学治理结构包括内部和外部两方面。所谓大学内部治理,是指董事会与最高执行长之间的权利关系影响大学决策。所谓大学外部治理,是指大学外部的利益相关者通过宏观政策、评估、市场竞争等影响大学的决策。

(1)民办高校产权结构

大学产权处于高度分散状态,剩余收益权也处于高度分散状态。在民办大学的产权结构中,第一是控制权的配置,控制权是除剩余收益之外的全部财产权。如何来具体配置控制权与大学资源结构有关,通常是大学的关键性资源主体拥有控制权,当前我国民办学校大多由出资者控制。第二是代理权问题。第三是管理权问题,包括占有、使用和不涉及改变财产形态的支配等权利。第四,还涉及监督权、使用权、收益权等。必须利用多渠道、多形式进行全方位监督,同时特别需要发挥政府监督的重要作用。监督权配置除了考虑激励机制外,还需要考虑监督主体的能力,而大学生是没有能力担当此任的,但也不排除其参与监督的可能性。

(2)"双法人"结构

所谓"双法人"结构,是指在民办高校办学主体构造中,有两个法人同时起了重要作用。一是作为出资者的法人,二是作为办学主体的法人。"双法人结构"的核心思想是,两个法人共同分享"高等教育资源"的产权,即公司法人拥有财产所有权,大学法人拥有对财产占有、使用、支配等财产权利。这种模式客观上反映了我国民办高等资源配置的现实,即高等教育民间捐赠资金严重不足,而投资者积极性又很高。

所谓"双法人"结构实质上是投资者与民办学校之间的关系,这不是两个法人之间的联合,也不是一种新的法人制度,而属于大学产权的治理问题。在确立投资关系情况下,关键问题是如何建立法人治理结构。"双法人模式"只是民办高校缺乏治理机制的一种表现,重视民办高校的法人治理、建立合理有效的法人治理原则,是当前必须引起重视的问题。

(3)董事会与内部治理结构

运用利益相关者理论设计的"单会制"董事会模式将董事会内部设计成一个"双层"结构,使董事会能有效控制和监督大学的运行,同时又具有高效率的特点。因此,一方面在董事会治理中必须发挥投资者作用,通过赋予一定比例的投资回报权,以调动投资的资源配置积极性;另一方面通过建立利益相关者的相机治理机制,发挥利益相关者的监督作用,确保大学的利益相关者不受损害。

(4)大学的外部治理结构

由于大学组织的某些不可克服弱点,使其存在监督上的困难:大学服务的质和量难以测定和量度,大学服务具有一定的间接性,大学组织的监督主体与监督机制存在缺损。因此,必须重视大学的外部治理结构设计。大学的监督主体包括政府、捐赠者和行业协会等,它们分别代表政府、捐赠者和行业协会对大学进行监督。大学还受其他政治力量和社会力量的监督,如国家权力机关、司法机关、政党组织以及各种社会团体和社会公众等。此外,大学的市场监督力量在不断加强。

(原文为厦门大学教育研究院 2004 年博士学位论文,指导老师邬大光,收入本书时有所调整)

中国历史上的"高考移民":清代科举冒籍研究

刘希伟

一、研究缘起

自隋唐以迄清末1300年的科举考试,总体上呈现出与户籍紧密捆绑的特征。在科举录取率与士子科场竞争力存在明显区域差异、人口流动越发普遍的社会背景下,历代均存在士子冒充户籍应试的现象,即"科举冒籍"问题。

长期以来,无论是教育学界、历史学界还是社会学界,对于科举冒籍问题的研究均比较薄弱,如对于唐代科举冒籍主要有金滢坤等人作过专门的探讨,其他另外一些研究只能算是一鳞半爪的涉及。又如,对于宋代科举冒籍问题,主要有朱瑞熙与程民生等人做过比较专门的研究,相对于宋代科举冒籍问题的普遍性、复杂性,已有研究仍然不够。至于元代,则基本上还未有针对其冒籍问题的专论出现,明代科举冒籍直到今天也还尚未出现比较全面、系统的探讨。清代科举冒籍虽已有了一定的研究,但就其广度与深度来说还远远不够,尚有诸多可以开拓的空间。科举冒籍问题作为一项既有相当吸引力又有丰富内容的课题,亟须开展相关的学术研究。

鉴于此,本论文选取"中国历史上的'高考移民':清代科举冒籍研究"为题,以清代为中心,对其科举冒籍问题展开系统研究。科举时代的冒籍应试与当代高考移民之间具有诸多的相似之处,在一定意义上可以将前者视作后者的一种"历史原型"。因此,本研究不惟有助于丰富中国教育史研究,而

167

且有助于为当代高考移民以及流动人口随迁子女就地高考问题的认识与解决提供一种有益而恰切的历史参照。

二、研究思路与研究方法

在区域史研究方兴未艾这样一种背景下，论文仍将研究的主要时空范围定为"整个清代，全国各地"，而不是选取某一特定区域探讨其在有清一代抑或在清代某一历史时期的科举冒籍问题。这主要是基于两个方面的考虑。第一，如果仅仅选取某一特定区域进行研究，难以将清代科举冒籍的所有类别囊括在内。即使能够寻找到这样一个可以涵盖不同类别科举冒籍的特定区域，则又难以保证不同类别冒籍史料的丰富性。而从纵向时间顺序来看，清代科举考试在户籍方面的规定包括原籍应试原则、寄籍应试之法以及冒籍的治理机制等等，前后均曾存在一定的变化。显然，如果只限定于某一特定时期将难以从总体上揭示出这些重要变化。第二，更为重要的是，对于清代科举冒籍的研究，本身即需要持以一种"全国一盘棋"的思维。清代不同地区的科举冒籍现象所反映出的更多的是共性的东西，或者说其共性总体上远轶于其地方差异性。

若从籍类与区域两个角度可以将清代科举冒籍分为单纯的跨区域冒籍、单纯的跨籍类冒籍以及兼跨区域与籍类的"混合型"冒籍三大类别。而贱民冒考在一定意义上也可以说是一种极为特殊的冒籍。鉴于这些考虑，本论文对于清代科举冒籍问题的探讨，将单纯的跨籍类冒籍与贱民冒考一并包括在内。换言之，本论文题目虽为"中国历史上的'高考移民'：清代科举冒籍研究"，但除跨区域性科举冒籍外，对于某些单纯的跨籍类冒籍以及贱民冒考现象也一并进行讨论。

论文从制度史的视野出发，在简略介绍与分析唐宋与明代科举冒籍现象的基础上，重点对于清代科举制分区定额、原籍应试的原则与变通，科举冒籍的类别、冒籍的缘由与社会影响、冒籍的治理机制与治理效果等问题展开全面、系统的研究。在遵循这一研究逻辑的同时，还怀有一种特别的"时空感"，从纵向（历史脉络）与横向（不同区域）两个角度尽力发掘科举冒籍的某些变化与特点。最后针对清代科举冒籍问题进行一种理论上的反思，并进一步将研究视线拓展延伸至当代高考移民以及流动人口随迁子女就地高

考问题上来,从此两方面探讨科举冒籍研究的现实启示。论文的基本框架
如下:

第一章　清代之前的科举冒籍。主要对于唐宋与明代的科举冒籍现象
以及政府所采取的某些应对举措进行简单的回顾,以期获得关于清代之前
科举冒籍问题的一种基本理解。

第二章　清代科举制的分区定额、原籍应试原则与变通。主要对于清
代科举制的分区定额与原籍应试原则的一般性规定以及某些特殊情形或者
说变通作法进行系统的考察。而对于寄籍应试之法的探讨,同样也是从其
一般性规定与变通性做法两个角度展开。

第三章　清代科举冒籍的一般类别:冒占民籍。分科举大、中、小省份,
分别选取若干代表探讨冒占民籍应试问题在三类省份的基本情况。

第四章　清代科举冒籍的特殊类别:冒占商籍、卫籍、旗籍与贱籍冒充
良籍。在清代科举考试中,冒占商籍、卫籍、旗籍应试以及贱籍冒充良籍应
试的问题,较之冒占民籍应试具有相当的特殊性,本章致力于揭示这些特殊
类别冒籍的基本情形。

第五章　清代科举冒籍的缘由与社会影响。主要从科举竞争的区域差
异、人口流动以及科名的驱诱功能几个方面探讨清代科举冒籍的缘由;同时
从土客冲突的角度讨论科举冒籍的社会影响。

第六章　清代科举冒籍的治理剖析。首先对于科举考试中的户籍凭证
问题进行讨论,在此基础上致力于清代科举冒籍治理机制的探讨,同时对其
治理效果进行一种基本的评估。

第七章　清代科举冒籍的理论反思与现实观照。首先就科举冒籍背后
有关考试公平与区域公平的选择问题以及分区定额与原籍应试原则的两大
困境展开讨论,在此基础上进一步结合清代乃至整部科举史上的冒籍应试
问题,探讨当代中国高考移民与流动人口随迁子女就地高考问题的理论困
境与应对策略。

论文主要采用的研究方法为历史法、文献法、统计分析法与比较法。

三、研究内容与主要结论

(一)清代科举考试的分区定额、原籍应试原则及其变通

清代科举学额与中额配置,就全国而言分区定额是其基本原则。从科举考试的层级来看,在童试一级学额具体分配到府县学以及卫所学,乡、会试中额则具体分配至各个省份。与分区定额这一原则紧密配合的是原籍应试原则。此一原则包含两方面要义,其一为"原籍所在地",即"原籍地";其二为"本身所属户籍类别",即"籍类"。在原籍应试原则中,必须同时遵行原籍地与籍类两个方面的规定。否则,违反任何一个方面都可能构成冒籍应试。除了一般情形之外,原籍应试原则还存在某些特别情形,主要包括存在于童试之中的借考、调考等。此外,原籍应试原则也由于分省、分闱、借闱等原因而在乡试一级考试中呈现出某些特殊性。

在原籍应试原则之外,清代又存在针对流动人口而实行的寄籍应试之法。一般说来,在清代入籍年限满足二十年,据有田产、庐墓等不动产可凭,实无原籍可归,才可以在取具族邻甘结等基础上向寄籍地政府申请寄籍应试。除了定例要求之外,清代寄籍应试还存在某些变通情形。这些变通主要体现在年限要求方面。清代寄籍应试的最低年限要求通常为二十年,而其变通情形则既包括不拘年限者,又包括其他年限要求者。在整个清代、全国各地这样一个宏大的时空范围内,由于各地经济社会状况不同、入籍条件不同,因此也不可避免地存在寄籍应试条件上的某些差异。不过,整体上而言清代寄籍应试通常情况下都是按照定例要求进行。除了个别特殊情形之外,有关寄籍应试、防止冒籍应试的诸条文规定基本上都体现了这些定例要求,而与寄籍、冒籍有关的考试事件,也主要是按照定例要求进行裁决。

(二)清代科举冒籍的一般类别与特殊类别

不同的分类标准形成不同的分类结果。清代科举冒籍可以从不同的角度划分出不同的类别。从户籍的类别来看,清代科举冒籍包括一般类别即冒占民籍,与特殊类别即冒占商籍、卫籍与旗籍等。从科举考试的层级来看,包括童试冒籍与乡、会试冒籍。如果从省域的角度来看,则可以分为省

内冒籍与省际冒籍。另外,还可以将科举冒籍划分为有意冒籍与无意冒籍两种情形。有意冒籍比较容易理解,无意冒籍则主要是由于考生不熟悉某些规定,或者是由于疏忽所致,抑或是某些制度规定本身不够明晰所致。例如,某一外来士子以置有田产、庐墓等不动产为条件入籍到某一地区且达到了相关的年限规定,但在报考时未向寄籍地政府呈明属于寄籍应试而被判定为冒籍的情形,便是属于无意冒籍。又如,雍正前后曾因制度安排不够明晰而造成的部分"旧汉人"等误入满洲额内被判为冒籍的情形,同样属于一种无意冒籍。在清代科举冒籍问题中,绝大多数是属于有意冒籍一类。而若综合考虑区域与籍类两个因素,则清代科举冒籍可以分为单纯的跨区域冒籍、单纯的跨籍类冒籍与同时兼跨区域与籍类的"混合型"冒籍。

在清代科举冒籍中,冒占民籍应试是最为普遍的一大类别。实际上,通常所谓的清代科举冒籍也主要是指冒占民籍,而且主要是指跨区域性冒占民籍应试的问题。非跨区域性的冒占民籍应试问题虽也存在,但较之跨区域性的冒占民籍应试一类显然要少得多。本论文从一般类别即冒占民籍与特殊类别即冒占商籍、卫籍、旗籍出发,对于清代科举冒籍问题展开探讨。这种分类,事实上正是以《钦定科场条例》中关于冒籍类别的划分为参照。

1. 冒占民籍

(1)科举大省

清代科举大省包括直隶、江南、浙江、江西、湖广、福建。直隶位居科举大省之列,但其土著士子文风较之江南、浙江等省士子相对落后,在科举竞争力上难以与后者相比肩。因此,不少南方士子尤其是江南、浙江等科举大省的士子,纷纷冒籍顺天应试,其中尤以冒籍大兴、宛平两地者为多。而冒籍者所冒名色则主要是北皿字号与北贝字号。值得注意的是,不少冒籍者属于官员子弟。

在各个科举大省内部,无论是文风发达的地区还是文风相对较为落后的地区,均存在冒籍应试问题。科举大省内部不同地区也有文风高下之分,故出现文风较盛地区的士子冒籍至文风较弱地区应试的现象。同时,由于各地童试之间往往存在一个"时间差",因此,即使是两个地区的文风相当,也存在考生利用这种"时间差"冒籍跨考的问题。因为每多一次应试便增加了一次考中的机会,尽管每次冒籍都存在着被攻发的风险。当然,文风落后地区的冒籍问题通常情况下更为普遍、严重。从省内冒籍与跨省冒籍来看,科举大省所存在的省内冒籍,较之其所存在的外来士子跨省冒籍问题更为普遍。从考试的层级来看,科举大省内部的童试冒籍更为普遍,乡试冒籍很大程度上是童试冒籍的一种后续延伸。因此,对于以往将清代科举冒籍现象主要"锁定"于边远落后地区的学术观点,应该作出某些修正。

(2)科举中省与科举小省

清代科举中省包括山东、河南、山西、广东、陕西、四川,科举小省包括云南、贵州与广西。无论在科举中省还是科举小省内部,都存在冒籍应试现象。以科举中省广东为例,清代广东省各地均存在比较多的冒籍应试问题,其中既有为了增加录取率而冒籍应试者,又有在真正人口流动背景下因寄籍应试条件未能完全达到而造成的冒籍问题,甚至还有某些由于制度规定不够完善而被认定为冒籍的问题。科举小省是文风最低、士子科场竞争力最弱而录取率又最高的一类。在此背景下,科举大省与科举中省的士子纷纷冒籍至科举小省参加考试,从而形成跨省冒籍应试的问题。同时,在科举小省内部,一来由于不同地区的文教发展也存在一定的差异,二来各地童试之间又存在一定的"时间差",所以省内冒籍应试问题也比较普遍。

(3)冒占民籍应试现象基本分析

清代科举考试中冒占民籍应试现象最为显著的特点是其普遍性、高发性。从省内冒籍跨考的维度来看,不仅在科举小省内部普遍存在此种现象,而且在科举中省与科举大省内部也同样普遍存在这种现象。由此,以往认为科举冒籍主要发生在边远省份即科举小省的观点,应当作出某种修正与补充。从跨省科举冒籍的维度来看,既存在科举大省流向中、小省份与科举中省流向小省的冒籍跨考问题,又存在科举大省之间、中省之间与小省之间的冒籍跨考问题,其中前几种更为普遍。在科举大省之间的冒籍问题中,比较值得关注的一个方面是南方士子尤其江、浙士子冒籍至直隶顺天府的大兴、宛平两县参加考试。科举大省内的外来冒籍应试问题较之于中省与小省相对要少见得多。

从科举考试的层级来看,无论童试还是乡、会试中都存在冒籍应试问题。不过,乡、会试冒籍特别是后者在很多情况下可以说是童试冒籍的一种延伸与后续影响。而童试冒籍则在科举大、中、小省份均相当普遍。其中,科举大省中的童试冒籍更多的还是一种省内冒籍跨考问题,科举小省与科举中省中的童试冒籍则既包括省内冒籍跨考,又包括来自省外的冒籍跨考问题。对于乡试而言也同样如此。值得指出的是，此种判断只能说是一种基本认识，或者说一种基本情形，还有一些例外的情形。例如顺天地区由于比较特殊，其童试与乡试中均存在大量南方士子冒籍应试的问题。而广东所存在的科举冒籍现象更多的是一种省内冒籍跨考，外省至此冒籍应试的情形相对不甚多见。再如，也有某些科举中省的士子冒籍至科举大省落后地区参加考试的问题，即如粤籍士子冒籍台湾应试便是属于此种情形。

　　一般说来，科举冒籍者所采取的冒籍方式与途径主要是冒认宗亲、假冒过继，或者是多处置有户籍。应当引起特别关注的是，在清代有的冒籍者已经着实离开原籍多年，且原籍已经实不可归，在尚未完全满足寄籍应试的条件下便通过某种途径参加了考试从而被判定为冒籍。甚至又有诸多已经基本满足了不动产与年限等条件，只是由于在考试时未向寄籍地政府呈明属于寄籍应试，而在入学、中式后仍被向前追溯并判定为冒籍的情形。对于此种"无意冒籍"，过去在很大程度上为人们所忽略。这些"真正人口流动"在先的科举冒籍情形表明，不少冒籍者在很多情况下也并非仅仅出于增加录取率或者说增加录取机会的考虑。换言之，在探讨清代科举冒籍问题时还必须对于人口流动这一背景给予足够的关注与考量。再者，对于倡优隶卒等身家不清的"贱民"以及问拟罪犯、被革生员等而言，其采取跨区域的冒籍方式应试应该说首先也不是缘于科举竞争的区域差异，而是由于不具应试资格无法在原籍地顺利应试所引发。这同样也是我们探讨清代科举冒籍问题所应当予以特别关注之处。

　　在清代的科举考试中，不少冒籍者都是属于富家子弟，或者至少是家资比较殷实者。尤当是，冒籍者中包括不少官员子弟与幕僚子弟。例如，在有关顺天地区以及甘肃、广西冒籍问题的探讨中，都发现有官员与幕僚子弟涉入其中。

　　此外，清代科举考试中的冒占民籍问题基本上主要是民籍冒占民籍，而且绝大多数情形都具有跨区域性。除跨区域性的民籍冒占民籍应试问题之外，还存在某些旗籍冒占民籍应试以及商籍考生冒占民籍应试的现象，只是相对比较少见且有时并不具有明显的跨区域性。

　　2. 冒占商籍

　　盐商集团是清代国家财政的支柱性来源之一，同时盐商又在地域经济、社会发展中扮演着极为重要的角色，对于地域社会产生了广泛而深远的影响。科举制则作为国家"抡才大典",不仅是政治与文化教育领域的一个轴心,同时也是整个社会的一个重心。盐商集团借助于其巨额的经济资本,通过相关的社会运作,与国家、地方政府之间形成了紧密的利益关联。对于清代盐商而言,科举是其获得政治与社会资本的一条重要渠道,盐商之家往往通过子弟应考科举得以维护、扩张其共同体利益。商籍便是盐业与科举"联姻"的产物,是政府与盐商之间利益交换的产物。

在以往,部分学者由于未对"商籍"这一问题进行专门研究,因此对之存在一定的误解。商籍被理解为"商人及其子弟"的户籍,而且所谓的"商人"被理解为一般的普通商人。实际上,这是一种望文生义式的理解。清代一般商人的户籍基本上属于民籍,故将商籍理解为一般商人及其子弟的户籍显然是不准确的。

在清代,商籍主要是指为盐商及其子弟设立的应考科举的籍类标记。但除此之外,"商籍"一词尚有某些另外的含义。在延续明代旧有商籍的基础上,清代在全国多个省份设置了商籍学额与中额。在别省行盐执引者及其亲子弟侄实在无法回籍应试,是商籍应考条件最为严整的规定。但一方面这种应考规定在某些地区存在一定的变通之处,另一方面制度的成文规定并不必然保证其能完全按章运作,在录取率较高的背景下,一些本身并不符合应考条件的考生纷纷冒考商籍,由此造成了科举史上一类比较独特的冒籍应试现象。清代冒占商籍应试的情形,既有跨区域性的一类,同时又有单纯的跨籍类而非跨区域性一类,而且后一类应该更为普遍。从户籍的类别来看,冒占商籍应试者基本上多为民籍子弟,其中又包括某些官员子弟以及未能符合商籍应考条件的盐商子弟。从科举考试的层级来看,冒占商籍应试多是发生在童试入学一级。当然,冒占商籍入学者如果再带着"童试冒籍"的身份应考商籍乡试,发觉后同样将被认定为冒籍问题。由于商籍应考条件比较苛刻,冒籍者必须设法冒充符合商籍应考条件的盐商子弟才能获得以商籍应试的资格。而廪生滥行出结、甲商滥行保结乃至考官、教官的纵容等等也均是造成冒占商籍应试问题的重要原因所在。再者,除了民籍考生冒占商籍应试之外,还存在某些商籍考生冒占民籍应试的问题。

3.冒占卫籍与旗籍

在清代卫籍是各地卫所曾经使用的户籍类别,有时亦称军籍。此外,军流人犯在被发配至各卫所时,也曾被编以军籍。不过,在《钦定科场条例》的冒籍部分，冒占卫籍与冒占军籍是分列的，所举"冒占卫籍例案"主要是指考生冒充卫所户籍参加科举考试从而占用卫所学额的问题，而"冒占军籍例案"则主要是指军流人犯在发配期间其亲族子弟并不符合相关报考条件却在配所地冒充军籍应试的现象。

清初由于卫籍考生读书应举者比例相对较低、科场竞争力较弱以及与民籍考生存在考试上的"时间差"等原因，民籍考生冒占卫籍考试的现象比较多见。清代科举考试中的冒占卫籍问题基本上都是民籍考生冒占卫籍应试。而随着康雍乾时期的卫所改制，此类问题也出现一定的变化。对于卫所直接改置为州县者而言，其户籍也变为民籍，如此即使有外来士子冒籍应试，也不属于冒占卫籍的问题了。而对于并入周邻州县的卫所而言，若仍为其考生另编字号、单独设额，则仍会存在民籍考生冒占卫籍应试的问题；若其应试童生与所并入州县民籍考生一同凭文取录，则不再存在此类问题。民籍考生冒占卫籍应试的现象，多于卫籍考生冒占民籍应试。

清代冒占旗籍应试的问题，同样也远不及冒占民籍应试一类普遍，且一般说来并不是出于增加录取率或录取机会的考虑，这一方面与冒占民籍中的临时"飞来冒籍"以及冒占商籍、卫籍等存在着明显的差异。

4.贱籍冒充良籍

终清一代，由于"清流品而重名器"这一社会传统，在国家正式制度与非正式制度各种规定下，奴仆类贱民、隶卒类贱民、倡优以及乐户等贱民等级应试出仕的资格与权益被严格限制，无法直接以合法的身份进入科场。至雍正朝时，国家先后出台了针对某些贱民群体的"除豁令"，但一方面其规定本身十分严苛，另一方面"人以役贱"，社会总需一定人群从事所谓的"贱役"，因此，这一松绑政策的实质性意义又相当有限。在科名的强大诱惑下，加之无论正式制度还是非正式制度规定都可能出现执行偏离甚至不被执行的情况，不同类别贱民通过各种途径冒考科举的现象在清代并不鲜见。清代对于贱民违反规定应试的现象，主要是以"冒考"来指称。一般说来，贱民冒考只有同时具有跨区域性才被称之以"冒籍"。此为探讨清代科举冒籍现象所应注意的一个重要方面。清代贱民等级的应试资格与冒考问题，为全面、深入审视科举制的开放性、公平性以及清代社会等级性与社会身份问题提供了一个十分独特的参照点。科举考试将贱民等级排除在外，其根源不在于科举制度本身，而在于"清流品而重名器"的社会传统。从更为广阔的

175

视野出发,科举制仍堪称一项极具开放性与公平性的选才制度。

(三)清代科举冒籍的缘由与社会影响

清代科举冒籍的缘由相当复杂。以往的科举研究,往往将冒籍应试的动因简单或主要归结为科举竞争的区域差异。确实,清代科举竞争存在明显的区域差异,不仅童试竞争存在明显的区域差异,而且乡试竞争的省际差异也同样十分明显。在科举大省,无论是童试还是乡试,竞争的激烈程度明显高于科举中省,更远远高于科举小省。换言之,科举大省、中省与小省在科举竞争激烈程度上表现为一种递降序列,而在文风上又表现为一种递降序列。也就是说,文化教育比较发达的地区不仅录取率低而其士子的科场竞争力又相对较强,文化教育落后的地区则恰好与之相反,不仅录取率高而且士子科场竞争力又相对较弱。科举竞争的区域差异的确是造成考生冒籍应试的一大重要原因。但这种观点,只能解释录取率存在明显差异地区之间的冒籍应试现象,而无法解释科举竞争激烈程度大致相当的地区间的冒籍应试现象。同时,特殊类别科举冒籍中的不少情形也都无法利用科举竞争的区域差异进行解释,而冒占卫籍应试的问题有时也不具有明显的跨区域性。当然,总体上看,竞争的区域差异与科名的驱诱功能是造成清代科举冒籍的两个至关重要的原因。

在清代科举考试中,还有大量"真正"人口流动在先、应试在后并且被判定为冒籍应试的问题。抑或可说,一些并非出于增加录取机会而是由于其他原因所引发的流动人口,在尚未完全满足寄籍应试条件下便参加考试,从而被判定为了科举冒籍行为。同时,即使某一士子为了应举的需要而流入某一地区,但若其在流入地居住了一定年限,甚至已经置有田产、房产从而部分地满足寄籍应试条件下参加考试,则显然也与临时的"飞来冒籍"情形存在很大的差异。清代前中期四川的外来移民与科举冒籍问题、同光时期苏州府地区的人口流动与科举冒籍问题、晚清时期甘肃的外来移民与科举冒籍问题之间都存在密切的关联。这提醒我们,探讨清代科举冒籍的缘由,除关注科举竞争的区域差异之外,还无法绕过越发普遍的人口流动这一社会背景。

在读书以应科目的时代,科名是士子日思夜梦的追逐对象,是士子个人获得政治、经济、社会利益的"敲门砖",而学额与中额则是各地方社会获取政治与社会资源的重要中介物。在分区定额原则之下，某一区域的学额与中额成为其一种专有资源。较之于规模庞大的考生群体而言，学额与中额永远属于一种稀缺性资源。既然如此，各个地区显然不愿意其他地区的考生非法占用其学额、中额。我们可以看到，在清代甚至存在某些地方极力阻挠已经达到了寄籍应试条件考生应考的现象，究其原因，显然是因为学额是一种稀缺性资源。此类问题十分典型地反映出了学额与中额的稀缺性。对于完全符合寄籍应试条件的外来士子都可能出现阻考行为，更何况临时"飞来冒籍"以及不符合寄籍应试条件而非法冒籍的行为。事实上，凡是在跨区域冒籍应试的问题中，经常伴随着土著"攻冒籍"的现象，由于冒籍应试而引发科场土客冲突问题可以说具有一定的必然性。除非冒籍者隐匿得足以令土著无法发觉，或者是有不法廪保能够为之提供有力担保，从而不易出现土客冲突问题。

在必然性之外，清代科场土客冲突问题还具有相当的普遍性。纵观清代科举发展史可以看到，由于冒籍应试所引发的科场土客冲突问题其实并不鲜见。由于清代跨区域性科举冒籍问题相当普遍，故由此而形成的科场土客冲突问题便也比较普遍。这些冲突可以分为小规模冲突与大规模冲突、低强度冲突与高强度冲突。根据某一地区某次科举考试中被攻发冒籍者以及攻发者的人数多寡，可以分为小规模冲突与大规模冲突。如果被攻冒籍人数少，而攻发者也人数较少，可视作小规模土客冲突。大规模冲突，在通常情况下是考试中有多名外来冒籍者。尤其是如果这些外来者来自同一地区，则更容易引发科场土客冲突。不过，即使被攻为冒籍者的人数极少，甚至有时可能仅有一人，但攻发者却人数较多，此种情形若视作小规模冲突亦并不合适，应视作一种较大规模的土客冲突。因此，所谓的小规模冲突与大规模冲突只是一种大致的划分，二者之间不存在严格的界限。

清代科举冒籍现象作为对于科举制分区定额与原籍应试原则以及寄籍应试之法的一种破坏，其最重要的社会影响是冒籍者侵占了被冒入地区的学额与中额，同时也是对科举考试区域公平原则与取向的一种冲击与破坏。无论临时"飞来冒籍"，还是"真正人口流动"背景下因尚未完全达到寄籍应试条件而构成的冒籍，都是对于原有土著士子利益的一种侵占，因而经常出现土著"攻冒籍"的现象，以至于地方政府不得不处理诸多由于冒籍而造成的社会争讼。乾嘉时湖湖南通道县原土著与"十八姓"之间的学额之争、嘉庆时期贵州黎平府学额之争,典型地说明了学额是一种珍贵的资源。尽管根据当时官方的判定结果来看,通道县土著控告"十八姓"冒籍应试以及苗生控告六所民人冒籍应考黎平府学均是属于诬告,然而原告方的控词也并非全然没有道理。这也是我们在探讨因冒籍应试所引发的科场土客冲突问题时所应予以特别关注之处。

(四)清代科举冒籍的治理机制与治理效果

一定意义上说,户籍具有很大的抽象性。仅仅定居于某地并不等于具有这一地区的户籍,更无法获得附着在户籍之上的应举权益。而某地保甲户籍册中载有某人姓名,亦并不等于其已经入籍到了这一地区。在清代科举考试中,应试者一般需要以里甲系统中的"户"来作为自己的户籍证明,保甲烟户册对于识别、清查冒籍应试问题也具有十分重要的作用。此外,在很多情况下还格外强调坟墓方面的依据与凭证。

清代针对科举冒籍问题设置了包括童生互保机制、廪保机制、官员担保机制等在内的复杂防治网络。所谓童生互保,是指在童试一级考试中要求五名童生互相担保身家清白、不存在冒籍与枪替等问题。如果一人存在舞弊情形,则其他互保童生也将一同遭受处罚。从冒籍防治来看,这实际上是通过设定"连带责任"以期最大限度地减少冒籍问题的发生。

廪保机制是清代科举冒籍防治机制中最为重要的一项。所谓廪保机制是指科举考试中通过廪生担保童生符合应试条件而不存在冒籍、枪替等舞弊情形的一种机制,包括认保与派保两个方面。其中,认保机制是指童生应试时必须以一名廪生作担保,从而保证其没有冒籍、枪替等问题。一般说来,从制度规定的层面来看,科举考试中的认保系由教官选择"品行端正、操守谨严"的廪生充任。关于派保机制,商衍鎏在《清代科举考试述录》称,"(童生院试)报名、填写履历、取五童互结、廪生保结等,与县府试略同。院试于认保外,再加派保廪生,系乾隆五十七年壬子湖南学政张姚成奏准,所以杜认保廪生之或有舞弊。由府、州教官依长案先将派报名次,榜示署前,考生于府试、院试时请其加保,谓之派保。"而《中国考试大辞典》中关于"派保"的解释为,"乾隆五十七年(1792),为杜绝认保廪生舞弊增加官派廪生认保一项,由府、直隶厅教官先将选定廪生名单张榜贴于衙署前,考生于院试、府试时请榜中某人加保,时称"派保"。本论文认为,《清代科举考试述录》与

178

《中国考试大辞典》中相关表述的严密性是不够的。乾隆五十七年（1792）湖南学政张姚成奏行派保机制获准并没有问题，问题是这一机制并非最早出现于该年。实际上，在乾隆二十四年（1759）之前便早已存在派保制度。

在清代科举冒籍的治理中，知县、知府等地方官担保机制也是比较重要的内容。县试、府试的考官分别为知县、知府，这些地方官担负着出题、阅卷以及维持考场秩序的职责。其中，确保考生身家清白，不存在冒籍、匿丧以及枪替等舞弊情形亦是其重要职责所在。再者，各学教官、各省学政等也都担负着重要的防治任务。而顺天科举考试由于其特殊性，在官员担保机制方面有着特别的规定。在此之外，清代还存在审音制度等冒籍防治举措。

清代在童生互保机制、廪保机制以及官员担保机制下，尽管也存在大量的冒籍应试问题，但毫无疑问，如果缺失了这些防范机制科举冒籍问题必将更加严重。在一定意义上可以说，凡是冒籍应考者被清查出来，即应当视作冒籍治理有效性的反映。而由于廪保机制的内在缺陷与异化、廪保权力寻租"保冒籍"以及官员担保机制的局限等，清代科举冒籍的防治机制又经常失灵。因此，一方面可以说，清代科举冒籍的治理取得了一定的效果，但另一方面这种效果又比较有限。总体上看，清代科举冒籍的治理效果基本上可以说是在有效与无效之间。

（五）清代科举冒籍的理论反思与现实观照

清代科举冒籍问题背后的根本理论困境在于考试公平与区域公平之间的选择问题。总体上而言，科举制越到后来越是首先注重区域公平，在区域公平的基础上不同区域内部再实行以自由竞争为基础的考试公平原则。此为一种不得已的历史选择，具有根本的必要性与合理性。分区定额与原籍应试原则的两大困境在于，一是将不可避免地造成科举冒籍问题，二是可能造成大规模人口流动背景下的土客学额纷争问题。

根据高考移民问题的动因与成因，并结合着清代科举冒籍治理举措，本论文提出有必要从调整高等教育尤其是优质高等教育入学机会的省际差异，加大海南、内蒙古以及青海等"高考洼地"的基础教育投入，加强户籍与学籍的监管力度几个方面进行治理。

流动人口随迁子女就地高考问题作为一项严峻的挑战，本研究提出应当从调整高等教育尤其是优质高等教育入学机会的区域差异、有条件地逐步放宽高考与户籍的"捆绑"并完善借考政策方面进行解决。

四、主要贡献与创新之处

第一,论文以清代为中心对于科举冒籍进行系统考察,国内外首次对科举考试与户籍之间的复杂关联进行系统研究,在一定程度上弥补了以往学术界在这一领域研究过于薄弱的局面,为理解中国教育缘何与户籍紧密捆绑提供了一种重要的历史参照。

第二,论文修正了以往学术界长期流行的若干关于科举冒籍不准确、不全面的观点,比如关于科举冒籍及其相关概念的阐释与辨析,关于科举冒籍主要发生在边远地区观点的修正,关于科举冒籍缘由主要为考试竞争的区域差异的修正,等等。而有关清代冒占商籍、冒占卫籍以及贱籍冒充良籍特殊类别科举冒籍的探讨尤为全面,拓展、拓深了科举冒籍研究的范畴。

第三,论文在研究理路与方法上,不仅关注制度的一般性规定,而且特别注重制度的变通乃至变异之处,注重在动态中发现、认识与解读制度。

第四,论文在充分利用政书、档案等文献的同时,格外注意挖掘文集、日记与笔记中的科举冒籍史料,并且参考了欧美教育史学界关于科举考试研究的成果,因此资料较为翔实,同时具有一定的国际视野。

第五,论文在理论反思与现实观照部分,努力挖掘教育史研究的现实功用,将视线拓展延伸至当代中国高考移民、流动人口随迁子女就地高考问题,探讨二者的理论困境并提出了若干可资参考的应对策略,具有重要的现实观照价值。

（原文为厦门大学教育研究院 2011 年博士学位论文,指导老师刘海峰,收入本书时有所调整）